U0690353

2016 年度

广西社会科学院科研成果

选　编

广西社会科学院　编

广西人民出版社

图书在版编目（CIP）数据

2016年度广西社会科学院科研成果选编/广西社会科学院编. —南宁：广西人民出版社，2018.7

ISBN 978-7-219-10863-5

Ⅰ.①2… Ⅱ.①广… Ⅲ.①社会科学—科技成果—汇编—广西—2016 Ⅳ.①C126.7

中国版本图书馆CIP数据核字（2019）第160946号

责任编辑　严　颖　罗　雯
文字编辑　钟建珊
责任校对　寇晓旸
装帧设计　子　浩
责任排版　李宗娟

出版发行　广西人民出版社
社　　址　广西南宁市桂春路6号
邮　　编　530021
印　　刷　广西雅图盛印务有限公司
开　　本　787mm×1092mm　1/16
印　　张　11.75
字　　数　186千字
版　　次　2018年7月　第1版
印　　次　2018年7月　第1次印刷
书　　号　ISBN 978-7-219-10863-5
定　　价　35.00元

目录
MU LU

党建篇

开放合作篇

经 济 篇

社 会 篇

扶贫开发篇

文 化 篇

新桂系抗战研究／蒲林玲等

党 建 篇

曾家华等

广西推进全面从严治党战略布局研究

【摘要】全面从严治党不仅关系到国家发展的全局，而且关系到广西各项事业顺利发展的全局。党的十八以来，广西各级党委认真贯彻党中央从严治党战略布局精神，促进了各项事业的顺利发展。但是，在肯定成绩的同时，还必须清醒地看到部分党员干部中还存在着理想信念动摇、宗旨意识模糊、群众观念淡薄、法治意识薄弱、干事创业没有激情、创新精神不足、主体责任落实不到位、为官不为、不敢担当、不敢闯不敢冒、明哲保身等突出问题，各种形式的违纪违法行为以及严重腐败现象屡禁不止。此外，一些地方的基层党组织软弱涣散问题仍然突出。这些问题会影响到广西今后的发展。广西今后贯彻落实党中央全面从严治党战略布局精神，关键要坚持问题导向，有针对性地切实有效解决各类突出的现实问题，深入推动党的组织和队伍建设状况持续好转，提升党的领导水平、执政水平，营造有利于广西经济社会发展和干事创业的良好、宽松的政治生态环境。

【关键词】广西　从严治党　战略布局

一、广西推进全面从严治党战略布局取得的成效

（一）强化了从严治党的"两个责任"的贯彻落实

1. 细化责任清单，明确"两个责任"内容。

各级、各部门党委（党组）强化了担当好从严治党、推进党风廉政建设的第一责任人意识，把反腐倡廉工作纳入经济社会发展和党的建设总体布局之中，与经济社会发展同部署、同落实、同检查。各级纪委担负着党内监督的责任，如果没有履行好监督职责、监督不到位，同样要被问责。各级纪委对此责任意识比过去更加强化了。

2. 抓责任传导，有效推动"两个责任"落实到基层。

全区各级党组织以上率下构建落实"两个责任"网络体系，一级抓一级，层层传导责任，形成责任具体、环环紧扣的"责任链条"，推动党风廉政建设"两个责任"向基层延伸。一是实行"签字背书"。全区

市、县党委和纪委分别与下级党委（党组）和纪委（纪检组）签订党风廉政建设责任书，逐层压实责任、传导压力，督促贯彻落实"两个责任"。二是建立工作报告制度。三是开展述责述廉。四是建立约谈谈话机制。

3. 抓监督考评，倒逼"两个责任"落地生根。

一是强化监督检查。全区各级党委采取班子带队检查、开展专项巡查等方式，不定期对落实"两个责任"工作情况开展监督检查。二是强化考核评价。自治区、市、县三级把落实"两个责任"工作情况作为年度党风廉政建设考核的重点内容。三是强化结果运用。将考评结果与部门评先评优和年度绩效挂钩，并作为领导干部选拔任用的重要依据，对落实两个责任不力的单位和个人，一律取消年度评先评优资格。

4. 抓追责问责，打通落实"两个责任""最后一公里"通道。

全区各级党委坚持把严肃追责作为落实"两个责任"的撒手锏，对落实"两个责任"不力、对不收敛不收手、顶风违纪，出现严重腐败案件、影响恶劣的地方和单位，实行"一案双查"，既追究当事人责任，也追究主体责任和监督责任，倒逼"两个责任"落实。

（二）加强基层党组织建设，筑牢党的执政基础

1. 着力配强基层党组织的负责人。

各地上级党委充分发挥领导和把关作用，帮助和引导基层配强党组织的负责人的工作。一是树立正确的用人导向，注重科学统筹，选优、配强领路人和骨干力量。二是根据经济发展的水平，逐步提高了基层党组织负责人的待遇。对软弱涣散的基层党组织实行整顿转化。

2. 着力建强基层党员队伍。

广西在重视配强基层党组织负责人的同时，着力建立一支过硬的党员队伍，增强基层党组织建设的自我"造血"功能。特别重视发展业务骨干、致富骨干、优秀青年入党，扶助在群众中有号召力和影响力，有威信的人入党。一些基层党组织因此逐渐缓解了党员青黄不接、后继无人的状况。

3. 把领导发展农村经济作为村党组织的头等大事。

4. 加强了农村基层党组织的基础设施建设。

基层党组织的服务体系逐渐完善，为基层党员和群众提供了便捷优质的服务。

（三）以零容忍态度严惩腐败，促进党风政风的持续改善和优化

1. 坚持严肃查处中高级领导干部违纪案件以及发生在群众身边的"四风"和腐败问题的工作不放松，大力压缩腐败的生存空间。

2. 坚持严肃查处基层干部腐败案件特别是"小官巨贪"案件的工作不放松，加大力度纯洁党的基层干部队伍，巩固党的执政基础。

3. 坚持查处基层一把手违纪案件工作不放松，维护好党对基层组织的领导权。

（四）强化了守纪律、讲规矩意识，把外部监督、教育、惩处和个人自律有机结合起来

自治区党委号召全区党员干部一定要守纪律、讲规矩，自觉维护中央的权威，牢固树立核心意识、大局意识、看齐意识，保证中央的政令畅通。出台了一些简明扼要、针对性强、可操作性强、易于执行的制度。

（五）抓好从严治吏工作，管好用好干部

从严管好用好领导干部这个"关键少数"。一是严把选准人用准人这个关口。二是严把管好权用好权这个关键环节。加强权力运行制度机制的健全完善，使权力运行不断走向科学化、规范化。

二、当前广西推进全面从严治党战略布局面临的问题

党的十八大以来，广西按照中央全面推进从严治党总体要求，从严管党治党，党风政风有了明显的好转，政治生态环境得到明显改善。但要进一步推进广西全面从严治党的工作还面临一些需要着力解决的问题。

（一）基层查办腐败案件还面临一些现实的难题

主要有五个方面的问题：

一是办案意识不够强。有案不查，有案不报的现象还在一定范围内存在。二是干扰办案因素多。各种关系相互交织，关系网、说情风成为影响办案工作的重要因素。三是案件线索来源少。四是办案手段缺乏。五是办案力量有限。

（二）反腐败形势仍然严峻，腐败案件时有发生

反腐败取得了阶段性成果，但党员干部中违纪违法行为在各级都时有发生。特别是发生在群众身边、直接损害群众利益的腐败行为严重影响了党和政府的威信，危害了党和人民的血肉联系。这些案件大都与民生有关，存在于民生的各个领域。包括农村危房改造中的腐败案件、农村低保

案件、征地拆迁中的腐败案件、行政审批环节的腐败问题、贫困地区技能培训领域的腐败案件。

（三）对从严治党主体责任的认识还不够到位

有的忽视党建工作，固执于地区生产总值至上的旧思维。一些单位对落实全面从严治党要求实际上不同程度存在着上强下弱、力度递减的问题。

（四）对从严治党的纪律规矩执行力不够强

这一定程度上与纪律规矩本身有关。比如全面从严治党的制度细则还不够的问题、考责评责体系有待完善等。

（五）党风政风不正的问题在一些地方、一些单位和部门、一些领域还比较突出

主要表现为违规接待问题、以考察为名公款旅游问题、大操大办婚宴收取礼金问题、违规操办乔迁喜庆宴席类问题、违规外出并接受企业宴请类问题、违规公款吃喝消费等。

三、广西今后全面推进从严治党战略布局的对策

广西推进全面从严治党战略布局的总体形势是平稳的，效果也逐渐呈现。但所面临的诸多问题也是不能回避的，必须下大力气有针对性地解决。

（一）多措并举，深化党员干部理想信念教育

一要坚定抓好信仰信念教育不动摇；二要坚持共产党的宗旨教育不放松；三要督促党员领导干部做学习党章、遵守党章的模范；四要用习近平总书记系列重要讲话精神统一思想和行动；五要加强党性教育和党性修养；六要加强道德建设和法治教育。

（二）从严深化党风廉政建设责任制"两个责任"的贯彻落实

要强化主体责任意识，强化监督责任意识，把责任严起来，把纪律严起来，转变好职能、定位好角色。

（三）坚持从严管理干部，建设高素质骨干队伍

从严把握用人选人关口。特别是要严格把好政治关、能力关、作风关、廉洁关。从严治吏，管好"关键少数"。

（四）多措并举，破解基层查办案件"动力不够"的难题

一是从思想上增强办案自觉性。二是从案源渠道上找准案件线索。三

是以健全办案机制推动干部严抓办案工作。四是整合办案资源，形成办案合力。五是强化后续管理，发挥治本功能。六是加强队伍建设，提高人员素质。

（五）强化党纪党规的执行力

从严治党，党纪党规的执行力必须强化，不能把党纪党规当作儿戏。一是抓好纪律培训工作，加强纪律教育。二是严明党的纪律。三是重视和加强巡视工作。四是要把监督问责制度从严落实。

（六）健全作风建设的常态化制度

重点抓好"五个着力"：一是着力于把健全制度当作作风建设常态化的根本手段来抓。二是着力于全局性、稳定性来设计、健全一整套管用有效的制度。三是着力于根据作风建设长期性的特点，坚持不懈做好制度的健全和完善的工作。四是着力于健全领导干部率先垂范的制度。五是着力于健全广大人民参与监督的制度。

（课题组组长：曾家华。课题组成员：卞克文、梁臣、彭凯云、李侑峰、梁艳鸿、庞雪群、韩笑、王娅诺、包玲瑜、方梁羽、刘瑾怡）

谢国雄等

十八大以来党内集中教育经验研究

【摘要】 当前，我国正处于全面建成小康社会的重要关头，中国共产党作为执政党，必须保持自身的先进性、纯洁性，必须统一思想、凝聚共识、齐心协力，才能领导人民实现全面建成小康社会这一战略目标。党内集中教育是保持党的先进性、纯洁性，统一党内思想，凝聚共识，加强党的作风建设的重要手段。十八大以来，世情国情党情的深刻变化、"四大考验"和"四大危险"的严峻挑战，使得落实党要管党、从严治党的任务比以往任何时候都更为繁重和紧迫，也对保持党的先进性和纯洁性以及党的执政能力建设提出了更高要求。对此，党中央先后部署开展了党的群众路线教育实践活动、"三严三实"专题教育、"两学一做"学习教育等一系列集中教育活动，取得了明显成效。提炼和总结十八大以来党内集中教育活动经验，对于继续深入作风建设、提升全面从严治党实效具有重要的现实指导意义。

【关键词】 党内集中教育　党风建设　从严治党　经验

一、十八大以来党内集中教育的历史回顾

（一）党的群众路线教育实践活动

党的群众路线教育实践活动的主题是"为民、务实、清廉"，总体要求是"照镜子、正衣冠、洗洗澡、治治病"。要求党员干部以党章党纪等党内制度法规为镜，以人民群众为镜，以历史和革命先辈为镜，反省自身不足，扫除工作生活中存在的"四风"问题。

党的群众路线教育实践活动自上而下，分两批进行。第一批党的群众路线教育实践活动从 2013 年 6 月开始，参加的单位主要是省部级领导和副省级城市机关及其直属单位，中管企业、中管金融企业以及中管高等院校。第一批教育实践活动开展后，很快取得了阶段性的成果，党员干部得到了党性锻炼，刹住了"四风"蔓延的势头，得到党内外的积极评价，初步形成了贯彻群众路线的长效机制和刚性约束。2014 年 1 月 20 日，在中

共中央召开党的群众路线教育实践活动第一批总结暨第二批部署会议后，第二批党的群众路线教育实践活动在省以下各级机关及其直属单位和基层组织（区县及其以下各级领导班子和基层组织）中迅速开展。第二批群众教育实践活动与第一批相比，更注重与各项实践活动的衔接，更贴近基层，更注重发挥群众的积极性，做到每个环节、每项工作都让群众参与，接受群众监督，请群众评判，态度真诚，把党的正确主张变为群众的自觉行动，也更注重强化问题导向，从小事做起，从具体事情抓起，解决党内存在的作风问题，在正风肃纪上要求也更为严格。

党的群众教育实践活动按照查找问题、分析问题、解决问题的活动思路，以落实中央八项规定精神为切入点，充分发挥领导干部的带头作用，对党员领导干部身上的"四风"问题逐条查摆，逐项整改，有效促进了党风政风的好转。

（二）"三严三实"专题教育

党的群众路线教育实践活动使党内作风得到了明显好转，但是"四风"问题根深蒂固，为了防止不良作风反弹，督促广大党员和领导干部在思想上拧紧螺丝、上紧发条，让作风建设"不断线"，中央决定在县处级以上领导干部中开展"三严三实"专题教育。通过专题教育活动，强化领导干部的思想自觉和行动自觉，在践行"三严三实"中做好表率。

习近平总书记在 2014 年 3 月 9 日参加十二届全国人大二次会议安徽代表团的审议时，针对推进作风建设问题，提出了"既严以修身、严以用权、严以律己；又谋事要实、创业要实、做人要实"的要求。2015 年 4 月，中共中央办公厅印发了《关于在县处级以上领导干部中开展"三严三实"专题教育方案》，明确"三严三实"专题教育作为党的群众路线教育实践活动的延展深化。

"三严三实"专题教育的对象为各级党政机关、人民团体及其内设机构县处级以上领导干部和事业单位、国有企业中层以上领导人员。与党的群众路线教育实践活动由中央政治局带头逐级开展不同，"三严三实"专题教育不分批次、不划阶段、不设环节，在各级同步展开。很显然，"三严三实"不是一次活动，而是对党员同志的长期要求。

通过"三严三实"专题教育，党员干部对照"三严三实"要求边学边查边改，整理出问题清单，逐项整改推进，指向明确、直捣积弊，让那些不合乎人民意愿、损害人民利益、影响党和政府形象的问题彻底消灭在萌芽状态，达到了净化政治生态、促进作风转化的目的。

（三）"两学一做"学习教育

2016年2月，为深入学习贯彻习近平总书记系列重要讲话精神，推动全面从严治党向基层延伸，进一步巩固党的群众路线教育实践活动和"三严三实"专题教育活动的成果，进一步解决党员队伍在思想、组织、作风、纪律等方面存在的问题，保持发展党的先进性和纯洁性，中共中央办公厅印发了《关于在全体党员中开展"学党章党规、学系列讲话，做合格党员"学习教育方案》，并要求各地区各部门认真贯彻执行，随后，"学党章党规、学系列讲话，做合格党员"的学习教育（简称为"两学一做"）活动在全体党员中全面展开。

"两学一做"学习教育主要是要求全体党员通过学习党章党规，树立标杆，明确规范；学习习近平同志系列重要讲话精神，加强理论武装、统一思想行动；将党章党规和系列讲话内化于心，外化于行，做一名合格党员，充分发挥党员的先锋模范作用。在学习教育开展中，注重分层分类，做到因地施策、因人施策，有针对性地解决问题。通过"两学一做"学习教育，重点解决理想信念模糊动摇、党的意识淡化、宗旨观念淡薄、精神不振、道德行为不端等五个方面的问题。

二、十八大以来党内集中教育的主要特点和基本经验

（一）主要特点

纵观党的十八大以来的历次党内集中教育活动，我们发现有以下特点：

一是旗帜鲜明。党的十八大强调要坚定不移高举中国特色社会主义伟大旗帜，既不走封闭僵化的老路，也不走改旗易帜的邪路，要把中国特色社会主义理论体系作为党员教育的重要内容。十八大以来历次党内集中教育活动都高举这一伟大旗帜，在党内集中教育活动体现出中国特色社会主义的道路自信、理论自信、制度自信和文化自信。

二是目标明确。十八大以后，党内先后开展的党的群众路线教育实践活动、"三严三实"专题教育、"两学一做"学习教育活动都是把马克思主义中国化最新成果的学习作为首要任务，其根本目的就是要用马克思主义中国化的最新成果武装和统一全党思想，通过深化对马克思主义理论的学

习来提高党员的认识。通过开展党内规模性的集中教育活动不断提高党员干部素质，加强党员干部队伍的建设，体现了强化服务宗旨意识，注重改善党群关系的特点。

三是重点突出。突出了党性教育和道德教育相结合的"思想建党"，强调了制度落实和教育实施相结合的"制度治党"，体现了严的要求和实的行动相结合的"从严从实"。

四是成效显著。十八大以来历次党内集中教育的内容都紧跟时代要求得到创新和发展，集中教育的方式也从集中性教育向经常性教育延伸，集中教育的范围也从领导干部这个"关键少数"向全体党员拓展，集中教育的成果和实效得到持续巩固和深化。

党的群众路线教育实践活动、"三严三实"专题教育、"两学一做"学习教育三者是连贯的、有层次的、分阶段推进的党内集中教育，最终形成了常态化与日常化相统一、顶层设计与基层首创相统一、目标一致与侧重内容相统一的党内教育机制。

（二）基本经验

1. 开展党内集中教育要坚持正确的立场和方向。

方向决定出路。在世情、国情、党情都在发生深刻变化的今天，中国共产党作为中国的执政党，要通过党内集中教育来解决存在的突出问题，永葆先进性和纯洁性。

首先，要坚持正确的政治立场，即坚持人民的立场。十八大以来的党内集中教育活动，都坚定地站在了人民的立场。有了坚定的人民立场，才能时刻保持马克思主义的信仰，才能坚持党的宗旨不动摇，才能在教育中实现纯洁党性的目的。

其次，要有明确的教育目标。在开展党内集中教育时，要立足当前，着眼长远，重点解决好群众反映强烈的突出问题，有明确的目标。十八大以来历次党内集中教育的目标都是很明确的。

最后，要坚持以问题为导向。适时开展党内集中教育活动，是解决党内突出问题、加强党的建设的重要措施。不同的发展阶段，党面临的问题都是不一样的，因此，开展党内集中教育，应该坚持问题导向，坚持理论联系实际，重点解决当前情况下急需解决的问题。十八大以来历次党内集中教育都坚持了问题导向，瞄准党内突出问题，通过集中教育活动使之得以解决。

2. 开展党内集中教育要不断拓展和深化教育内容和方式。

一是结合党的建设实际，深化党内集中教育内容。党的建设是一个长期的过程，它包含了党的思想、组织、作风、制度和反腐倡廉建设等方面的内容，在不同的发展时期，党的建设面临不同的问题，党内集中教育的内容也要随着党的建设的推进，不断深化。

二是体现时代最新要求，创新党内集中教育内容。"问题是时代的声音"。党内集中教育坚持问题导向的原则，必须体现时代最新要求。要解决随着时代发展出现的新问题新情况，就必须创新党内集中教育的内容，让党内集中教育能够做到有的放矢，准确高效。

三是密切联系群众生活，丰富党内集中教育内容。十八大以来的系列党内集中教育活动，有一个共同的目标，就是解决党内存在的脱离群众的问题，高度重视密切联系群众生活，不断丰富党内集中教育内容，达到有效解决实际问题的效果。

四是关注党员学习兴趣，拓展党内集中教育方式。应充分考虑作为教育主体的党员的学习兴趣，想方设法拓展党内集中教育的方式，与时俱进，用喜闻乐见的形式开展集中教育活动，避免枯燥的理论学习、程序化的教育形式挫伤党员学习的积极性，进而保证党内集中教育的成效。

3. 开展党内集中教育要积极探索新途径和新方法。

一是坚持示范引领与上下联动相结合。无论从理论上还是从实践上看，领导干部在集中教育活动中的表率作用，都对集中教育活动具有至关重要的影响。在集中教育活动中，党员领导干部除了带头学习，做好示范引领之外，还要担负起搞好本地本单位教育活动的领导责任，抓好上下联动，切实把集中教育活动落实到基层，努力实现集中教育活动的预期效果。

二是坚持理论宣讲教育与基层实践相结合。在开展党内集中教育过程中，理论宣讲教育和基层实践创新相辅相成，理论宣讲为基层实践提供理论指导，基层实践创新又不断丰富理论，为顶层设计提供脚本，使顶层设计更接地气，防止其成为空中楼阁，对基层开展好教育活动的针对性、指导性也就更强。

三是坚持经常性教育与集中式教育相结合。党的思想建设和作风建设具有复杂性和长期性的特征，要求教育一定要常抓不懈，不能放松。集中式教育短时间内可以实现思想统一、作风好转，但是，要从根本性上解决问题，还是要注意把经常性教育和集中式教育相结合，在进行集中式教育的同时，还要把教育内容立足于平时，体现在日常，形成常态。

四是坚持普遍要求与分类指导相结合。党内集中教育活动在具体的实施过程中，坚持统一的普遍要求的同时，必须注意做好分类指导。不同地方、不同行业、不同层级的党组织因内外环境、队伍素质、历史文化等不同，有一定的差异性。开展党内集中教育，不能所有党组织都简单套用同一个模式，应该因地制宜，分类指导。只有做到普遍要求和分类指导有机结合，才能使教育活动不空、不偏，取得群众满意的效果。

三、十八大以来党内集中教育的现实启示

（一）新时期开展党内集中教育活动是全面从严治党的必然要求

全面从严治党的新形势下，必须加强党的自身建设。党内集中教育是解决党的建设现实问题的客观需要。办好中国的事情，关键在党，党要管党不能有一刻懈怠，从严治党的要求不能背离，这就要求我们一定要抓好党的建设工作。党的建设是一项长期系统的工程，随着时代的发展，党的建设也面临着新的现实问题。十八大以来，党内面临的突出的现实问题是在思想、政治、组织、作风、制度、纪律等方面存在不少不适应新形势新任务要求、不符合党的性质和宗旨的问题。开展党内集中教育，集中解决这些问题，是新形势下开创党的建设新局面的客观要求。

（二）新时期开展党内集中教育要与提高党的执政能力有机结合起来

执政能力是执政党的生命之所系，力量之所在，能力之所体现，任何一个执政党都必须保持自己的活力，时刻处于创新之中，才能具备较高的执政水平和较强的执政能力。党的执政能力建设包含多个方面的内容，既要有科学的执政理念和执政意识，又要有不断解决社会主要矛盾和实际问题的能力，还要有一支高素质的党员干部队伍。从十八大以来党内集中教育活动的开展过程和取得的成效来看，通过开展一系列的党内集中教育活动，党的执政能力有了很大的提高。通过党的群众路线教育实践活动，全党进一步增强了践行群众路线的思想共识，在纷繁问题与复杂局面中准确把握了当前与长远、局部与全局、一般与特殊、"两点论"与"重点论"等关系，进一步提升了坚持和运用辩证唯物主义的世界观和方法论推进"四个全面"的能力。通过"三严三实"专题教育，提高了党员干部队伍的自身素养和干事创业的能力。通过"两学一

做"学习教育，给全体党员从思想、组织、作风上来了一次大"洗礼"，进一步增强了党的先进性。这些经验和成果对我们今后开展党内集中教育活动有很好的启示作用。

（三）新时期开展党内集中教育要与完成党的中心任务有机结合起来

围绕中心，服务大局，是党的建设的根本规律和内在要求，党的建设必须围绕党的中心任务来进行。党内集中教育是党的建设的一个重要方式，也必须紧紧围绕党的中心任务来开展。我们必须明白党内集中教育和党的中心任务的关系，党的中心任务是目的，党的建设是手段，党内集中教育又是党的建设的方式。如果党内集中教育没有围绕党的中心任务开展，那就成了一种空的、虚的活动，成为一种工作负担，偏离了党内集中教育是党的建设方式的应有之义，甚至会影响党的事业。再好的理论，如果只是空谈一阵就束之高阁，那也毫无价值，因此，党内集中教育也只有围绕党的中心任务开展，才有意义。

（四）新时期开展党内集中教育要与推进党内民主建设有机结合起来

我们党是一个马克思主义政党，发扬民主是它的特征之一。党内民主是党的生命，也是开展党内集中教育的关键。回顾我们党开展的历次党内集中教育，可以发现，党内民主发挥得较好、党内和谐的时候，党内集中教育可以取得良好的效果，促进党的革命、建设事业发展；反之，则会使党内集中教育受到挫折，甚至使社会主义建设出现波折。没有党内民主，就不会形成宽松民主、生动活泼的政治局面，也难以形成良好的学习氛围，党内存在的问题就没有人愿意指出，问题也难以解决，无法达到党内集中教育的预期效果。因此，开展党内集中教育，必须把党内民主和集中教育有机地结合起来，将党内民主贯穿集中教育的始终。同时，在开展党内集中教育的过程中，发扬党内民主，落实民主集中制也会出现一些好的经验和做法，这些经验和做法通过制度的形式固定下来，有利于进一步推进党内民主制度的建设。

（五）新时期开展党内集中教育要与密切联系群众关系有机结合起来

群众路线是党的生命线，是党的基本工作路线。脱离群众的危险是新时期党面临的四大危险之一。开展党内集中教育活动，其中的一个目的就是解决党内存在的脱离群众的问题。党的建设不可能在封闭的环境下进行，党只有真实地面对群众，真诚地依靠群众，真心地为群众服务，才能真正赢得群众的拥护和支持。我们必须把群众路线作为活动开展的根本方法，广泛听取群众意见，认真对待和接受群众的批评监督，正确组织和引导群众积极参与到党的教育活动中来，这样既能保证活动的高效性，又能进一步密切党同人民群众的血肉联系。

（课题组组长：谢国雄。课题组成员：梁艳鸿、王红梅、解桂海、覃卫军、陈志勇、邓莉莉、伍丹、卞克文）

开放合作篇

《中华人民共和国与东南亚国家联盟关于修订〈中国—东盟全面经济合作框架协议〉及项下部分协议的议定书》签署后广西面临的机遇挑战及对策

【摘要】《议定书》签署后，将在货物贸易、服务贸易、投资环境改善、经济技术合作等方面，进一步促进广西对外开放。与此同时，广西也面临着中国—东盟合作中的不稳定因素、中国—东盟区域内投资创造和投资转移效应、国内其他省区市对东盟更积极的经贸合作等诸多挑战。在中国—东盟自由贸易区升级版背景下，可以通过先行先试开展"两国一检"通关试点，积极参与中国—东盟产能合作，优化贸易结构，稳步推进跨境金融创新试点工作，推动更多中国—东盟合作机制、平台、论坛落户广西等举措，深化广西与东盟合作。

【关键词】中国—东盟自由贸易区　升级版　广西

2015年11月22日，中国政府和东盟十国政府的代表共同签署了《中华人民共和国与东南亚国家联盟关于修订〈中国—东盟全面经济合作框架协议〉及项下部分协议的议定书》（简称《议定书》）。升级版的《议定书》是对原有中国—东盟自由贸易区各种协定的丰富、完善、补充和提升，目前已经生效实施。广西作为连接中国和东盟国家贸易往来的重要通道，面对《议定书》签订后所带来的机遇和挑战，要在准确应对促进新合作框架下，深化与东盟的合作，实现广西对外经济又好又快发展。

一、升级版《议定书》与原有协议的区别

升级版《议定书》与原有协议的最大区别在于扩充了协议范围，在货物贸易、服务贸易、投资便利化、经济技术合作等重点领域和重要内容等

方面做了比较大的修改。

（一）在货物贸易领域进行了升级

1. 完善了原产地规则。

《议定书》完善了"原产地规则"的主要内容，明确规定只要源自《中国—东盟全面经济合作框架协议货物贸易协议》（ACFTA）各成员国的累加成分含量不少于最终产品含量的40%，该制成品即符合ACFTA原产地资格。

2. 简化海关通关程序。

《议定书》明确提出要简化海关通关程序，并在此基础上承诺运用风险管理系统和风险控制的相关办法，以便促进双方贸易和投资便利化。

3. 创造更加便利的关税条件。

《议定书》的目标是中国和东盟，以及东盟成员国之间货物贸易往来逐步实现零关税，将进一步推动中国—东盟贸易便利化，有助于消除双方烦琐的手续所带来的重复工作，有利于节约时间和资源。

（二）做出了更高水平的服务贸易承诺

中国与东盟一致同意在金融、通信、旅游和贸易等70多个分部门做出更加宽松的承诺，以促进双方服务贸易的发展。

1. 取消服务贸易领域中存在的歧视。

《议定书》对取消服务贸易领域中存在的歧视问题做了详细说明和阐述，明确规定中国和东盟缔约方必须坚决消除歧视，实现贸易平等与通畅，促进对外经济发展。

2. 实现服务贸易自由化。

《议定书》规定，中国和东盟承诺在经贸、投资、教育、通信、旅游、建筑、工程、运输等超过70个分部门达成合作，提供更加开放的贸易水平承诺，给予更多相应优惠待遇，制定符合双方服务贸易发展的政策。

（三）将更注重推进投资便利化

《议定书》提出要进一步简化投资审批程序，促进投资相关规则、法规、政策的信息发布，并在必要时建立一站式投资中心或相关机制，为商界提供包括便利营业执照和许可发放的支持与咨询服务，创造稳定透明便捷的投资环境。改进和简化直接投资中的外汇管理环节，取消直接投资项目下外汇登记核准、境外再投资外汇备案等行政审批事项，取消直接投资外汇年检等业务管理环节，促进和便利企业跨境投资资金运作。

（四）拓展了经济技术合作的领域

1. 拓宽经济技术合作领域。

升级版《议定书》规定中国和东盟国家将在农业、渔业、林业、信息技术产业、旅游、交通、知识产权、人力资源开发、中小企业和环境等10多个领域开展合作。

2. 加强跨境电子商务合作。

中国和东盟代表一致同意将跨境电子商务合作这一重要内容纳入新的合作范畴中，进一步拓宽了中国和东盟经贸合作领域。

二、《议定书》签署后广西面临的机遇

随着《议定书》的签订，诸多有利于广西对外开放、经济发展的措施已经达成，广西对外贸易将面临新的发展机遇。

（一）货物贸易发展的机遇

1. 原产地规则将促进广西优势行业产品出口。

中国和东盟国家对原产地规则进行了优化并完善了相关实施程序，对原本经济框架协议中的绝大部分工业品同时适用"4位税目改变"和"区域价值百分比40%"标准，涉及3000多种产品，包括矿物、化工、木材纸制品、金属制品、纺织品和杂项制品等产品，其中有许多都是广西具有较强竞争优势的行业产品，这将进一步促进广西相关产业的贸易和发展。

2. 将提升广西贸易通关效率。

《议定书》的达成，将在更大程度上节约通关领域人、财、物等方面的资源，并使这些资源能够充分合理利用，在很大程度上将促进广西对东盟国家的贸易发展。

（二）服务贸易开放的机遇

1. 贸易空间更加广阔。

广西可以把握东盟国家拓宽服务业开放领域、降低服务贸易市场准入门槛的机遇，进入之前尚未开放的领域，拓展新的发展空间。比如旅游业，《议定书》的签署将给广大的老百姓带来更高质量的旅游服务。再比如教育业，中国与东盟教育的开放合作，为双方互办学校提供了良好的条件，也有利于双方教育交流与合作的加强。

2. 有利于注入新的发展动力。

《议定书》的签署，将有利于引进更多的外商到广西进行投资，从

而学习到其他国家先进的管理理念和运营方式，提高广西服务产业在东盟国家的竞争力，为促进广西与东盟服务贸易的快速发展注入新的发展动力。

（三）投资环境改善的机遇

《议定书》致力于推动投资促进和投资便利化合作，为投资者和其投资创造稳定、有利和透明的商业环境，这将促进广西与东盟国家深化投资合作，有利于进一步优化广西的贸易与投资环境。

（四）经济技术合作领域发展的机遇

广西可以利用此次契机，加大力度优化与东盟国家之间的经济技术合作格局，实施相互结合、相互补充、相互协调和相互促进的多边多项开放战略，利用特有资源、优势产业和先进技术，开拓领域，增加渠道，加强与东盟经济技术合作。

（五）跨境金融服务发展的机遇

一是随着中国与东盟经贸往来得更加密切，需要扩大跨境人民币贸易结算量，搭建更为便利的投资资金获取渠道，大力促进广西开发跨境金融产品。广西也可以利用此次契机，面向境外开发利于跨境贸易的产业和产品，满足多边贸易所需。二是将有利于广西向周边国家提供一揽子金融服务。例如，针对东盟区域海港和陆港等基础设施建设，为周边邻国的企业提供现金管理、财务顾问和发行并购等一揽子服务。

三、《议定书》签署后广西面临的挑战

（一）中国—东盟合作中不稳定因素带来的挑战

在近两年里，一些东盟国家政局出现一定程度的动荡，导致了东南亚经济市场不稳定，失业率不断攀升，经济陷入倒退和止步不前的局面，影响了中国和东盟国家的长期经济合作。

（二）中国—东盟区域内投资创造和投资转移效应的挑战

从 2010 年至 2015 年，东南亚地区的吸引外资情况总体呈现上升的趋势，2010 年吸引外资总额为 991.2 亿美元，2015 年吸引外资总额 1200 亿美元，占外资对全球发展中经济体投资总额的 16%①。加上欧盟国家、以

---

① 数据来源：2016 版东盟投资报告情况，http://asean.mofcom.gov.cn/article/ztdy/201609/20160901402150.shtml。

日本和韩国为首的亚洲发达国家都积极与东盟签订自由贸易协定，以及美国"重返亚太"策略的实施，都为东盟国家对外开放和吸引外资创造了很好的外部条件，并且许多东盟国家对吸引外资的优惠条件大大超过广西，如越南、柬埔寨、缅甸等地的生产成本和劳动力成本更具优势，在一定程度上转移了外国对广西投资的资金。而且《议定书》生效后，东盟国家内部之间的直接投资活动也会越来越多，投资创造和投资转移效应将挤占与广西的经贸合作空间。

（三）其他省区市对东盟更积极的经贸合作带来的竞争压力

除了广西之外，国内与东盟国家贸易往来较密切的省区市，如广东、上海、江苏、浙江、福建、北京、天津、山东等与东盟国家之间的经贸往来越来越频繁，贸易额也逐渐扩大，而广西原本具有的区位地理优势也逐渐减弱。而此次《议定书》的覆盖范围是中国和东盟全境，《议定书》生效后，将会有越来越多其他省区的中国企业选择到东南亚国家进行商业投资，成为广西企业对东南亚国家投资的强有力的竞争对手。在吸引外资方面，长江三角洲、珠江三角洲等地区，也比广西具有明显的优势。

四、中国—东盟自由贸易区升级版背景下深化广西与东盟合作的对策建议

（一）先行先试开展"两国一检"通关试点

在广西先行先试《议定书》的重要政策，在双边贸易安全风险可控的前提下，在中越友谊关—友谊口岸，通过进一步完善和发挥口岸功能，实施双边查验部门协同作业。一是建设适宜通关查验模式创新的基础设施。以中越友谊关—友谊口岸货运新通道建设为契机，同步规划双边口岸联检大厅、查验货场、停车场、联检执勤用房、信息交换和执法联动公共数据信息平台及相关配套设施建设。二是建设通关查验模式创新的工作机制。推动建立边境省区和国家层面的联合工作组，建立多层次会晤会谈机制，就通关单据格式、查验流程、风险防控和监管标准等达成共识，签署双边协议，提出创新通关查验模式总体方案和路线图。三是建立口岸联检部门协作协同的制度。建立口岸联检部门联席会议制度，实体试运行通关查验新模式，加强口岸管理部门协同协作，实施双边查验部门协同作业，减少简化查验程序，降低通关成本，提升通关效率，逐步推进一站式通关查验模式。

（二）积极参与中国—东盟产能合作①

1. 围绕《议定书》，出台政策促进吸引外资。

出台促进投资的相关政策和规定，加大政策优惠，对境内投资和境外投资，创造优惠的投资政策和改善投资环境。利用广西优越的地理优势、资源优势和政策优势，吸引、鼓励境外资本到广西进行投资建厂。

2. 进一步优化企业"走出去"的政策环境。

一是要构建与"一带一路"沿线国家地方政府间合作机制。加强广西与"一带一路"沿线国家地方政府的互访，鼓励建立友好城市关系。二是提高广西外经贸发展专项资金的支持力度。适度逐年增加广西外经贸发展专项资金的金额，通过财政资金直接补助、贷款贴息等方式鼓励广西企业"走出去"。加大自治区财政对广西海外资产风险保障的资金支持力度，推动企业参加海外项目保险。三是加强对境外投资事中、事后监管。完善境外投资统计监测，建立由自治区相关部门和机构共同参与的境外投资不良信用记录和经营异常信息的收集、发布和共享机制，依法处罚境外投资违规行为。

3. 设立广西国际产能合作发展基金。

采取自治区财政出资一部分、有实力的意向企业出资一部分的形式，设立广西国际产能合作发展基金。通过对符合广西企业投资特点的重点项目设立海外项目资源库，由企业根据实际情况申请基金支持，为广西企业"走出去"拓宽融资渠道，鼓励企业去海外开展项目投资。

4. 构筑全方位国际产能合作新载体。

首先，积极引导和鼓励广西地区企业入驻马中关丹产业园区和中国—印度尼西亚经贸合作区等国家级国际产能合作新平台，将中马"两国双园"打造成为国际产能合作的示范区，形成中国企业在马来西亚、印度尼西亚抱团扎堆、共同发展的规模效应。其次，鼓励"一带一路"国家与广西跨境共建产业园区。尽可能与"一带一路"国家，尤其是与印度尼西亚、泰国、文莱等东盟国家按"两国双园"模式在东道国投资建设产业园区，实施"一国一标志性项目"，建设一批自治区级境外经贸合作园区，推动广西汽车、工程机械、钢铁等优势产业走出去。最后，支持新建一批

---

① 《越南与韩国正式签署自由贸易协定》，新华网：http://news.xinhuanet.com/fortune/2015—05/05/c_1115187972.htm.

自治区级、地市级境外园区。由工程机械、汽车制造、农产品加工等广西具有比较优势的大型企业发挥"领头羊"的作用，投资建设基础设施较为完备、主导产业明确、具有集聚和辐射效应的产业园区，吸引上下游企业抱团"走出去"。

（三）优化贸易结构

1. 大力发展服务贸易。

建议以南宁五象新区、粤桂合作特别试验区、桂林国家旅游综合改革试验区为发展服务贸易的载体，并根据各个载体的不同区位优势和发展基础，确立不同的侧重点。进一步取消或放宽对东盟投资者的资质要求、股比限制、经营范围等准入限制，在建筑服务、会计服务、交通运输、文化娱乐、金融服务、旅游服务等重点领域取得突破。

2. 实现货物贸易产品多样化和差异化。

一是通过供给侧结构性改革的重大举措，着力推动广西与东盟货物贸易结构向以中高端为主导的方向优化升级。扶持和掌握一批高科技、具有品牌优势和国际竞争力大规模骨干企业，提高广西出口产品的技术含量，提高出口产品的附加值，优化调整升级产业结构。二是为货物贸易产品多样化和差异化提供人才支持。通过提供高薪水、高福利岗位，吸引重点院校的优秀毕业生来广西发展，并重视熟练技术工人、高级管理人员的培养。

（四）稳步推动跨境金融创新试点工作

1. 拓展人民币跨境投融资业务。

在宏观审慎和微观审慎原则框架下，争取将广西跨境人民币贷款业务的试点境外地域从东盟和南亚国家扩大到包括中国香港、澳门、台湾地区和韩国在内的周边区域，将广西试点地区从沿边金融综合改革试验区 6 市扩大到广西全区。鼓励企业到境外发行人民币债券。鼓励金融机构开展境内外联动的人民币融资产品创新，拓宽包括中小企业在内的进出口企业融资渠道。支持跨国企业集团开展跨境人民币资金集中运营业务，发展"总部经济"。

2. 支持东兴市进行"双跨"先行先试。

鼓励以跨境金融业务创新为主线，开发适应广西与东盟国家经贸往来特色的金融服务和产品，重点支持东兴市建立东盟货币交易中心和清算平台、清算中心的试点工作，并将更多的跨境人民币业务、跨境保险业务

（即"双跨业务"）的创新放在东兴国家重点开发开放试验区先行先试。

3. 扩大人民币跨境双向贷款试点范围。

考虑在东兴国家重点开发开放试验区、中马钦州产业园、钦州保税港区、凭祥综合保税区、南宁保税物流中心、北海出口加工区等范围，扩大人民币跨境双向贷款试点范围，将资金来源地由东盟国家扩大到更多国家，从境外引回的人民币资金用于试点区域的产业发展。

4. 积极开展民营金融服务机构试点工作。

支持沿边金融综合改革试验区内的民间资本发起设立民营边贸银行、金融租赁公司和消费金融公司等民营金融服务机构。并在政府层面加快出台《关于加快推进民营金融机构创新发展试点工作的指导意见》等系列文件。

（五）推动更多中国—东盟合作机制、平台、论坛落户广西

一是积极发挥南宁渠道的作用，积极争取把更多的自由贸易区合作机制以及与中国和东盟相关的国家级、国际性会议和论坛引入到广西。二是多层次、多领域的引入与东盟开放合作的机制、论坛等。积极发挥南宁渠道自身的优势和独特功能，围绕共建21世纪海上丝绸之路，打造中国—东盟自由贸易区升级版，建设中国—东盟命运共同体等主题，举办多个层面和领域的系列会议论坛。如在中国—东盟合作中的互联互通、金融、质检、科技、环保、智库等重点领域举办系列会议论坛，推动解决中国—东盟关系发展中的热点问题。

（课题组组长：云倩。课题组成员：黄智、张磊、雷小华、毛艳、陈禹静、潘文献）

韦朝晖等

地方赴台交流合作成效及影响研究

【摘要】 2008 年以来，由于两岸关系发展大环境的改善，在国台办、中台办的指导和支持下，大陆各省区纷纷开展赴台交流合作。特别是，各省区相继组织省部级团组赴台开展交流合作，这成为近年来大陆赴台交流合作的一大亮点。除了省部级领导率团赴台开展交流合作之外，大陆各省区相关市县和社会各界也积极开展赴台合作，不断推动两岸经贸文化各领域合作、两岸经济社会融合向纵深方向发展。经过多年的发展，大陆省区赴台交流已经形成了全方位、多领域的交流合作格局，"多点开花"，交流内容丰富，交流成效显著，两岸交流领域与内容全面扩大，交流层级向纵深方向发展，也有利于夯实两岸关系和平发展的民意基础。

【关键词】 大陆地方　赴台交流　成效　影响

一、大陆各地方赴台交流合作成效

地方赴台交流合作是两岸关系发展的重要组成部分和推动力。近年来，大陆各省市区积极赴台开展主题鲜明、地域特色突出的全方位、多领域交流活动，在多个方面取得明显成效。

（一）积极服务两岸关系和平发展的政治大局，促进了两岸关系发展

地方赴台交流合作是两岸交流合作的组成部分，符合促进两岸关系和平发展的政治大局，是服务两岸关系良好发展的重要推动力。首先，各地方积极赴台交流是宣传惠台政策的重要途径，为促进两岸关系和平发展注入活力。其次，各地方赴台交流极大促进了两岸关系发展。地方赴台交流以其广泛性、直接性、灵活性和亲密性等优势和特点，成为两岸交流和融合的重要通道，通过各地方的交流让越来越多的台湾同胞了解大陆，接受大陆，地方赴台交流成为促进两岸融合发展的"催化剂"和"润滑剂"，极大促进了两岸关系的发展。再次，各地方赴台交流促进两岸双向交流格局的形成。在两岸关系发展初期，交流合作以台湾同胞到大陆探亲、投

资、旅游等为主，大量台商到大陆投资成为两岸关系单向交流的重要表现。随着大陆的不断发展，各省市区积极赴台开展交流合作，从经贸、文化等多个领域促进了大陆在台湾岛内的宣传、推介，促进了大陆居民赴台交流，尤其是大陆居民赴台自由行的实施，极大地促进了两岸人员的双向交流。

（二）地方赴台交流合作成为对台招商引资的重要平台，各地经贸合作日益深化

经贸合作是各地方赴台交流的重要目标和工作，通过赴台交流吸引台商到各地方投资，成为赴台交流合作成效最直观的体现。通过大规模地赴台开展交流合作，各地方与台湾在贸易与投资数量、规模、合作领域等方面均取得了良好成效，并极大地促进了两地经贸合作的发展。大陆各地方赴台交流均把宣传推介自身发展优势、发展前景作为重点，并为各地方与台湾企业交流对接，吸引台商投资，促进经贸合作作为重要工作来推动，并取得显著成效。

（三）各地方赴台推动了两岸中华民族文化交流，提高了中华文化共同认同

大陆各省市区与台湾的文化交流作为两岸交流的组成部分，也是两岸关系发展的重要组成部分，持续深入的文化交流将成为两岸关系和平发展的重要动力之一。首先，大陆各省市区特色鲜明的区域文化与台湾文化的合作交融成为弘扬中华优秀文化，维系和推动两岸及各地方与台湾关系发展的重要精神纽带。其次，大陆各省市区各具特色的文化成为吸引台胞来大陆交流的精神纽带。近几年，通过各地方赴台文化交流，越来越多的台湾同胞来大陆进行旅游参访，加深了对中华文化的了解，提升了对中华文化的认同，成为推动两岸关系和平发展的重要精神纽带。

（四）各地方赴台交流增强了两岸基层同胞情感交流，为两岸和平发展注入强大正能量

在各地方赴台交流的推动下，两岸民间交流与合作的空间不断扩大。近年来，大陆各地方与台湾在少数民族、行业协会、同乡会、科研机构与高校、青少年、妇女界等领域的交流与合作日益频繁，通过社会各界的大交流不断深化友谊，增进情感交流，为两岸关系的和平发展注入"爱"的正能量。

二、台湾民众对各地方赴台交流合作的反应

大陆各地方赴台开展交流合作，形成了两岸真正意义上的双向交流，对台湾民众来说也是有感受的，具体表现在以下方面：

一是台湾民众对各地方赴台交流合作普遍持支持态度。台湾地方官员借助大陆赴台交流活动，增加出镜与现场动员表现的机会；经济文化交流带来的实际合作对当地发展是有促进作用的，同时可以提升其执政业绩。对于台湾选举社会来说，这些都是竞选取胜的资本，因此，台湾各地方官员对于大陆各地方赴台开展交流合作是持支持态度的。这不仅表现在国民党执政的县市，也反映在民进党执政的县市。对于一般民众来说，大陆交流团来有生意做，有节目看，也是非常欢迎的。课题组接触的台湾官员、专家学者、大学教师和青年学生、企业界人士等，在谈到大陆各地方赴台交流合作时均表达了支持的看法，对于民进党执政后两岸交流受到的阻碍普遍感到担忧①。

二是台湾民众对经由交流促进的经济合作最有好感。促进两岸经贸交流合作是大陆各地方赴台交流的重要目的之一，大陆各省市在台均举办了形式各样的经贸恳谈会，产业对接会，产业搭桥会，农渔业、旅游业交流会等经贸交流活动。这些交流活动促进了两岸企业界的了解，成为两岸经贸合作的重要平台，台湾民众是实实在在获得了实惠的。这些经贸合作带来的实惠是台湾各地民众最有好感的。

三是对于各种文化交流、人文社会交流台湾民众是欢迎的。对于中华文化，包括少数民族文化、地方特色文化，均受到台湾民众的喜爱，地方赴台的文化交流台湾民众参与度很高。在教育交流方面，大陆各地高校与台湾高校交流合作，是面临招生困难问题的台湾高校迫切希望的，而两岸中小学间的交流也受到台湾民众的欢迎。乡镇、社区的交流更是加深了两岸民众的了解和交往。

大陆各地方赴台开展交流合作是对两岸关系和平发展起到了重要作用的，台湾民众的观感也证实了这一点。但是，两岸的地方交流也有不尽如人意的地方：

首先，台湾民众对大陆各地方赴台交流合作的关注度不高。大陆各地

2016年度广西社会科学院科研成果选编

---

① 本课题组主要由广西社会科学院台湾中心人员组成。2016年，中心参与组织了广西社科院的赴台交流活动，接待了10批台湾人士来访。利用这些机会，课题组对本课题的研究议题与台湾人士进行了交流探讨。

赴台交流都是认真准备的，投入的人力物力不少，虽然在台湾交流期间和交流地区产生了一定的影响和效果，但从影响面和程度来看是不够的。除了上海、福建等一些比较有名的地方，台湾民众有些了解外，其他地区的赴台交流活动，台湾民众普遍不是太了解，并且表示平时不太关注类似的新闻和消息。这说明大陆各地方的宣传动员还是不足。

其次，一些交流合作不够务实，影响了台湾民众的满意度。在大陆各地赴台交流合作中，有部分交流活动设计不够务实，停留在政府和高层人士层面，台湾民众无法感受到。还有一些签订的合作协议没有很好地认真落实，影响了合作效果和台湾民众的满意度。

最后，个别官员和交流人员的个人素质和作风较差，引起了台湾民众的反感。大陆一些地方官员和交流人员的个人素质和作风存在问题，这些人和事虽然属于个例，但也引起了台湾民众的反感，使交流活动的效果打了折扣。

三、各地赴台交流存在的问题

一是在省级领导率队团组方面，在团组设计、行程安排上，大陆各省区省级团组过于庞大，省际团组访台过于"密集"。团组繁多、人员众多及省际团组访台时间紧凑，这在一定程度上是反映了大陆各省区开展赴台交流合作的热情，但同时也反映出大陆主管部门对地方省级团组访台行程规划不足，并且不可避免地导致了台湾方面在接待上的压力。

二是大陆各省区赴台交流内容容易流于表面，交流内容无法深入。由于客观因素的限制，各地方赴台交流团组一般无法在台湾岛内停留较长时间，这就限制了深入交流的开展，不仅使得大陆各地有关赴台人员对台湾岛内民情缺乏深入的了解，也导致台湾许多普通民众对大陆各地方访台团组的交流成效缺乏直观的感受，加上台湾岛内一些媒体带有偏见的引导，大大限制了两岸人民交流与往来的深度和相互之间了解的客观性，造成一些台湾民众产生了大陆各地方赴台交流"像是为了工作而工作，不是为了交流而交流"的感受。

三是大陆各省区赴台交流内容缺乏统筹规划，省与省之间存在隐性竞争关系。虽然近年来大陆各省区纷纷组团赴台交流，但是大陆主管部门缺乏对各省区赴台交流活动在服务于中央对台工作大局方针的指导思想下的统筹规划，导致各省区赴台交流活动多有重叠，各省区无法突出重点，甚至彼此之间存在隐性竞争关系。

四是大陆各省区赴台交流活动从总体上来说与台湾基层民众接触仍是很少，对台湾岛内"三中一青"群体关注度不足。在受益群体上，台湾工商阶层的受益程度远远大于中下层民众。另外，近两年来，青年议题才逐渐受到大陆各省区赴台团组的重视，可以说，这源于过去几年来大陆主管部门和各省区赴台团组对于台湾岛内的社会发展情况缺乏准确的判断，大大影响了台湾岛内青年群体对于两岸经贸文化交流状况的充分了解，也造成了台湾民众对大陆各地方赴台团组访台成效观感不足，无法让更多的台湾基层民众直接地感受到两岸关系和平发展所带来的实惠，影响大陆各地方赴台交流的成效。

四、新形势下开展地方赴台交流合作的对策建议

2016 年 9 月，大陆相继出台了《中华人民共和国台湾同胞投资保护法》修正案和《关于进一步推动台资企业利用仲裁方式解决经贸争议的通知》，进一步完善了对台商投资大陆的权益保护。"两岸和平发展论坛""海峡论坛""双城论坛""紫金山峰会"等继续成功举办，两岸地方的民间交流平台继续发挥作用，成为维护两岸交流的重要基础。在两岸关系新形势下，两岸地方民间交流力量必须持续发挥作用，才能维护两岸大局。为此，两岸地方赴台交流合作应以加强政党、县市、基层、台商、青年等民间交流合作为支柱，以遏制"台独"，扩大"反独"阵线，深化两岸经济文化社会互信，稳定两岸大局为阶段性目标，创新交流模式，扩大交流领域，深耕民间基层。

1. 各省市的赴台交流合作，应从省级向部门，向市县、乡镇、社区下沉，全面扩大民间交流范围。

随着目前两岸形势的变化，今后应充分发挥地方各部门、县市和乡镇、社区的力量，全面扩大基层交流。如借鉴上海—台北双城论坛经验，推动两岸城市交流，用城市交流，来拓展两岸交流管道，厚植两岸合作的基础和人脉。借鉴广西与花莲各部门和乡镇的交流经验以及北京与台湾城市社区的交流经验，扩大与台湾各县市、乡镇、社区的交流，让更多的台湾基层民众参与到交流活动中来。两岸城市街道社区之间可以结对交流，推动形成常态化、制度化的交流机制，增强交流效果。推动两岸地方民间社会团体，如工青妇社团、学术组织、宗教团体等的交流与融合，共同组

织开展交流活动。促进两岸地方职业团体，如商会、农渔会、工会、学校教师团体、学生社团、媒体团体等的交流互动，同时推进两岸地方农村、农民交流合作，共同促进农村发展。通过认真深耕民间基层交流，推动两岸社会融合。

2. 继续加强经贸交流，促进两岸经济融合。

一方面，大陆各地方应挖掘自身优势，进一步向台湾开放市场，创新合作模式，通过两岸经贸合作共享发展机遇。另一方面，在赴台交流中，大陆各地方应更注重对台经贸合作政策的宣讲，更注重推动务实产业合作，更注重两岸合作园区、企业的直接参与交流，通过不断深化经贸交流合作，进一步推动农业、临江工业、港口物流、金融、电子信息、新能源、新材料、生物科技、医疗养老等产业融合发展，厚植两岸经济基础。

3. 大力推进文化交流，树牢中华文化精神纽带。

大陆各地应发挥优势，加大赴台湾各地进行文化展演的力度，与台湾文化团体、文创园区合作，建立定期开展地方戏曲艺术、文学艺术、少数民族文化、地方历史文化、影视艺术、茶文化等交流活动。鼓励两岸通过文创合作，运用新媒体技术，共同弘扬中华优秀传统文化。在体育方面，两岸地方可借助企业与民间力量，协商设立共同体育奖励项目，如中华特色的武术、拔河、象棋、龙舟、舞狮等。建立健全两岸地方文化交流合作机制和文化人才培养机制，扩大社会团体、民间组织参与两岸文化交流合作，鼓励两岸有条件的专业院校参与文化人才的培养工作。中华文化博大精深，各地可利用挖掘交流的领域很广，应通过加强双向交流合作，让更多的台湾民众感受中华文化的魅力，共同丰富中华文化内涵。

4. 强化青年交流，促进"一个中国"认同。

据课题组调研了解，部分青年学生有到大陆交流了解真实情况的愿望。大陆各地方省市应进一步强化两岸青年交流，不断扩大交流对象、创新交流形式、改进交流策略。各地教育机构和各级学校在促进两岸青年交流方面责无旁贷。在两岸青年学生的交流合作中，要注意台湾青年的需求和喜好，设计好交流内容和形式。对于鼓励台湾青年到大陆创业、就业问题，在搞好台湾青年创业基地建设的同时，大陆各地赴台开展相关交流推介活动时，要注重吸引台湾青年的参与，着力加大对大陆支持创新创业政策的宣传。目前台湾青年对大陆支持创新创业政策了解很少，青创园区和自贸区相关政策和激励措施对绝大部分台湾青年来说是陌生的，这也是目前台湾青年进驻大陆台湾青创园区和基地较少的原因。大陆各地方在开展两岸青年交流时，应注重体验式交流，让台湾青年亲身感受大陆真实情况和政策。注意对台湾青年学生提供更多免费交流机会，提高台湾青年学生对交流活动的参与度。

5.擅用台湾新媒体机构，提高交流活动宣传效果。

随着网络时代的到来，数字技术和新媒体的运用，对两岸交流的影响也是巨大的。可以利用各种网络平台宣传推介两岸交流活动、两岸政策、与台湾民众息息相关的各种优惠政策以及中华文化等，提高宣传速度和受众面。此外还可以直接设计网络交流活动，吸引台湾民众参与。

（课题组组长：韦朝晖。课题组成员：颜洁、张磊、何战、占合仁、石侃、陈懋、李亚非）

经济篇

柯丽菲等

广西固定资产投资效益分析

【摘要】"十二五"时期，广西累计完成固定资产投资总量是"十一五"的2.9倍，固定资产投资效益也有较大幅度提高，投资对经济增长的拉动作用呈现增长趋势。与此同时，广西固定资产投资仍存在投资规模总量偏小、投资结构不尽合理、民间投资放缓等突出问题，这些都影响固定资产投资效益的提升。今后，为应对宏观经济形势的变化，发挥投资对经济转型和产业升级的推动作用，广西可以从合理规划固定资产投资，促进投资规模稳增长，优化调整投资结构，拓宽多元化的投资渠道，激发民间投资的活力等方面来提升固定资产投资效益。固定资产投资是经济增长的重要引擎，推动固定资产投资提质增效，是加快经济发展，提升经济运行质量的重要途径。近年来，广西固定资产投资规模保持高速增长，有力地支撑了全区经济快速发展。随着宏观经济形势不断变化，经济下行压力日益增大，投资增速面临下滑态势，如何在保障固定资产投资规模稳增长的基础上，着力优化调整固定资产投资结构，深度破解固定资产投资面临的难题，努力提升固定资产投资效益，是广西当前需要关注的重要问题。

【关键词】固定资产　投资效益　优化调整

一、广西固定资产投资现状

（一）投资总量和投资增速①

"十二五"期间，广西固定资产投资规模实现历史飞跃，累计完成投资突破6万亿元，达到6.48万亿元，是"十一五"时期投资总量的2.9倍。固定资产投资对经济增长的年均贡献率超过70%，成为推动广西经济社会持续健康较快发展的主要动力。随着国际经济形势的进一步恶化、欧债危机的爆发，国家对信贷资金的控制更加严厉，加上目前我国经济进入新常态、资源环境承载超限、外部经济不乐观等问题，广西经济下行压力逐渐加大，这给广西固定资产投资增速的提升带来压力。从图1可以看

---

① 数据来源：《广西要情手册（2016）》。

出，"十二五"时期广西固定资产投资增速呈现持续下滑态势，2011—2014 年，广西固定资产投资增速分别为 29.4％、24.8％、21.8％、16.7％，到 2015 年，投资增速为 17.8％，较 2014 年略微出现一点回升。

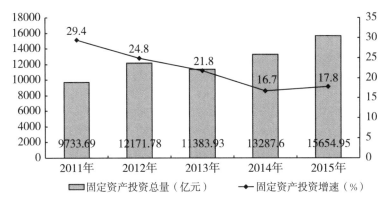

图 1　2011—2015 年广西固定资产投资总量及增速变化情况

（二）三次产业的固定资产投资结构①

"十二五"期间，广西产业投资结构总体呈现第一产业、第二产业比重稳步提升，第三产业比重逐步缩小的态势（详见表 1）。2015 年，广西三次产业投资结构为 4.78∶41.39∶53.83，与 2010 年（2.25∶37.07∶60.68）相比，第一产业、第二产业的投资均分别提高了 2.53 个百分点、4.32 个百分点，而第三产业的投资占比却下降了 6.85 个百分点。

表 1　主要年份广西三次产业投资总量及占比情况

指标	第一产业投资		第二产业投资		第三产业投资		工业投资	
	总量（亿元）	占比（％）	总量（亿元）	占比（％）	总量（亿元）	占比（％）	总量（亿元）	占比（％）
2005 年	42.99	2.69	573.77	35.96	978.93	61.35	568.46	35.62
2010 年	160.98	2.25	2655.2	37.07	4345.66	60.68	2627.33	36.69
2015 年	748.6	4.78	6479.34	41.39	8427.01	53.83	6390.8	40.82
"十一五"时期年均增速（％）	30.22	—	35.85	—	34.73	—	35.82	—
"十二五"时期年均增速（％）	35.99	—	19.53	—	14.16	—	19.46	—

① 数据来源：2006 年、2011 年、2015 年《广西统计年鉴》，以及《广西统计月报（2015 年 12 月）》。

（三）行业投资结构[①]

从工业行业内部投资结构来看，2015年广西工业行业投资中，作为实体经济重要构成的制造业投资完成5253.40亿元，占工业投资的比重为82.2%，比2010年的占比提高了4.7个百分点，年均增长20.9%；采矿业投资完成394.13亿元，占工业投资的比重为6.2%，较2010年下降了1.1个百分点，年均增长15.6%；电力、燃气及水的生产和供应业这一基础产业实现投资743.27亿元，占工业投资的比重为11.6%，比2010年下降了3.6个百分点，年均增长13.2%。

从第三产业主要行业的投资结构来看，"十二五"时期居民服务、修理和其他服务业，租赁和商务服务业，科学研究和技术服务业，批发和零售业等行业的投资规模增长较快，年均增速分别为49.7%、42.7%、42.9%、33.2%；其次是文化、体育和娱乐业，公共管理、社会保障和社会组织，住宿和餐饮业，教育，水利、环境和公共设施管理业，金融业等行业投资的年均增速分别达到了27.9%、19.7%、18.3%、16.6%、13.6%、12.9%；而房地产业投资则出现了较大幅度的下滑，年均下降18.9%。

（四）管理渠道投资结构[②]

"十二五"时期，广西更新改造建设投资占比提高，更新改造和房地产投资力度继续加大，但占比出现回落。广西基本建设投资累计达到25760.5亿元，年均增长20.1%；更新改造投资累计达到22567.8亿元，增长27.8%，分别高于固定资产投资增速和基本建设投资增速5.8、7.7个百分点；房地产开发投资累计达到8417.62亿元，增长9.4%。从占固定资产投资总量的比重来看，2015年广西更新改造投资占固定资产投资的比重为37.7%，较2011年的31.4%提高了6.3个百分点；基本建设投资和房地产开发投资占固定资产投资总量的比重分别为42.7%和12.2%，比2011年分别降低了0.3个百分点、3.2个百分点。

（五）投资主体结构[③]

"十二五"时期，广西民间投资力度不断加大，增速及占比均保持增长态势。广西民间投资由2010年的4085亿元扩大到2015年的8967亿

---

① 数据来源：《2015年广西壮族自治区国民经济和社会发展统计公报》《广西统计月报（2015年12月）》《广西统计月报（2010年12月）》。

② 数据来源：《广西要情手册（2016）》。

③ 数据来源：广西壮族自治区发展和改革委员会网站，http://www.gxdrc.gov.cn/。

元，增长了 2.5 倍；占固定资产投资的比重由 54.3% 提高到 64.6%，提高了 11.0 个百分点。广西国有投资实现年均增长 9.77%，低于同期全区固定资产投资年均增速 12.23 个百分点；占固定资产投资的比重为 33.14%，比 2010 年（45.47%）降低了 12.33 个百分点。

二、广西固定资产投资效益评价

（一）广西固定资产投资经济效益指标

固定资产投资经济效益指标是反映固定资产投资活动中的投入与产出之间关系及其影响因素的指标。本文选取了 13 项指标来衡量广西固定资产投资效益的综合得分，具体数额如表 2 所示：

表 2　2011—2015 年广西固定资产投资效益指标额[①]

序号	指标名称	2011 年	2012 年	2013 年	2014 年	2015 年
1	固定资产交付使用率	48.2	54.3	56	58.9	60.013
2	项目建成投产率	69.2	71.6	59	63.5	64.121
3	房屋建筑竣工率	33.353	31.862	31.953	29.364	30.588
4	投资效果系数	0.161	0.135	0.112	0.089	0.103
5	投资财政收入效果系数	1.86	0.513	0.479	0.589	0.628
6	投资对外贸易效果系数	0.022	0.022	0.013	0.008	0.009
7	投资弹性系数	3.443	1.046	0.611	0.551	0.581
8	投资财政收入弹性系数	0.039	0.036	0.014	0.033	0.029
9	投资对外贸易弹性系数	3.875	1.062	0.434	1.561	1.021
10	投资对城市人均可支配收入弹性系数	1.587	0.575	0.32	0.605	0.533
11	投资对农村人均纯收入弹性系数	2.29	0.674	1.397	0.792	0.628
12	投资消费弹性系数	2.018	0.743	0.641	0.73	0.701
13	投资就业弹性系数	−0.048	−0.259	0.024	0.034	0.029

（二）广西固定资产投资效益的综合得分[②]

在计算出广西固定资产投资效益各指标的基础上，建立计量模型，可计算出"十一五"和"十二五"时期广西固定资产投资效益的综合得分，可用该分数值对固定资产投资的综合效益进行评价，综合得分越高，表明

---

① 数据来源：根据历年《广西统计年鉴》由笔者计算得出。
② 数据来源：根据历年《广西统计年鉴》由笔者计算得出。

该年份固定资产投资效益越高，反之则越低。表3展示了广西固定资产投资效益的综合得分。从数据来看，2006—2015年，广西固定资产投资效益呈现总体上升态势。尤其在"十二五"期间，广西固定资产投资效益提升较快，投资对经济增长的推动作用日益凸显。

表3　广西固定资产投资效益综合得分

年份/时期	综合得分	年份/时期	综合得分
2006 年	−0.124	2011 年	0.867
2007 年	−0.095	2012 年	0.527
2008 年	0.291	2013 年	0.513
2009 年	0.202	2014 年	0.809
2010 年	0.405	2015 年	0.733
"十一五"平均	0.136	"十二五"平均	0.690

（三）广西经济增长与固定资产投资增长①

从经济增长和固定资产投资增长来看，广西单位固定资产投资对经济的拉动作用呈现增长态势，但投资增速呈现放缓情况，详见图2。从增长的绝对值来看，"十二五"时期，广西固定资产投资增长了1.73倍，生产总值增长了1.34倍，与"十一五"时期相比，差距日益缩小。从年均增长率来看，"十二五"时期，广西固定资产投资年均增长20%，生产总值的年均增长率为10%，固定资产投资增长速度高于生产总值增长速度10个百分点，但这一差距较"十一五"时期回落5个百分点。

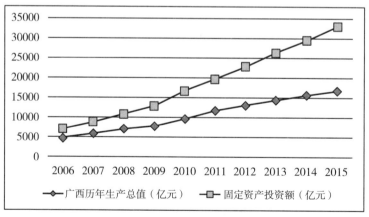

图2　2006—2015 年广西 GDP 与固定资产投资发展趋势

---

① 数据来源：根据历年《广西统计年鉴》由笔者计算得出。

三、广西固定资产投资效益存在的问题

（一）与发达省份相比，广西固定资产投资规模的总量偏小①

与发达省份和部分西部省份相比，广西固定资产的投资规模总量偏小。以 2015 年的数据为例，广西全社会固定资产投资为 16227.78 亿元，占广东固定资产投资的 54％，占浙江固定资产投资的 60.9％，占四川全社会固定资产投资的 62.5％，占陕西全社会固定资产投资的 80.4％。

（二）投资结构不合理问题突出，第三产业的投资占比偏低，工业投资和服务业投资的内部结构亟待优化，需提升基础设施的建设力度②

与发达省份和部分西部省份相比，广西第三产业的投资占比偏低。2015 年广西第三产业在三次产业中的投资占比为 53.8％，同时期广东第三产业的投资占比为 64.7％，浙江第三产业的投资占比为 65.7％，四川第三产业的投资占比为 68％。

从工业行业内部投资结构来看，广西固定资产投资主要投向传统工业领域，而对高新技术产业的投入严重不足。"十二五"时期，广西食品加工、化学、非金属矿物、黑色金属、汽车、电子、电力等七大支柱行业加快发展，成为工业投资的重点。然而，固定资产投资对高新技术产业的投入偏低，如电气机械及器材制造业、通信设备计算机及其他电子设备制造业、专用设备制造业的投资占比分别只有 3.38％、2.37％和 3.81％。

从第三产业内部行业投资结构来看，对传统服务业的投资占比较大，对现代服务业的投资占比偏低。2015 年广西第三产业投资结构中，水利、环境和公共设施管理业，交通运输、仓储和邮政业的投资占比较高，分别达到 20.47％、18.61％；批发和零售业、住宿和餐饮业等传统服务业的投资占比分别为 7.82％、2.57％；租赁和商务服务业，科学研究和技术服务业，信息传输、软件和信息技术服务业，金融业等现代服务业的投资占比依然偏低，分别仅为 4.51％、1.39％、1.81％、0.46％。

（三）民间投资增速呈现放缓态势③

随着经济增速的放缓，民间投资的活力开始下降，这几年民间资金不断从相关领域，尤其是实体经济中撤退，民间投资的潜力没有充分发挥。不少吸引外资的政策还仅仅停留在概念与宏观层面，缺乏实际可操作性。

---

① 数据来源：广西、广东、浙江、四川、陕西 2015 年国民经济和社会发展统计公报。
② 数据来源：广西、广东、浙江、四川、陕西 2015 年国民经济和社会发展统计公报。
③ 数据来源：广西壮族自治区发展和改革委员会网站，http://www.gxdrc.gov.cn/。

2011—2015 年，广西固定资产投资中民间投资的总额虽然在逐年增长，但是增速却在逐年下降，从 45.3% 的高位回落到 16.1%，截止到2016 年 1—8 月，固定资产的民间投资增长 6.2%，这是"十二五"以来民间投资的增速首次回落到个位数增长，具体见表 4。

表 4　广西固定资产投资中民间投资的总额和增速

（单位：亿元）

	民间投资总额	增速
2011 年	5603.47	45.3%
2012 年	7393.47	31.7%
2013 年	7262.80	29.6%
2014 年	8707.29	19.9%
2015 年	10106.76	16.1%
2016 年 1—8 月	6626.85	6.2%

（四）投资资金的来源有待拓展①

"十二五"时期，广西固定资产投资的资金来源主要以自筹为主，债券和利用外资的占比较低。2015 年，全区固定资产投资的资金来源中，自筹资金的占比较高，达到 62.80%，其他资金、国内贷款、国家预算内资金的占比分别为 11.78%、12.92%、6.91%，债券、利用外资的占比分别仅为 0.05%、0.21%。与 2010 年相比，只有国家预算内资金和自筹资金的占比略有提升，分别提高了 2.19 个百分点和 4.06 个百分点，其余来源渠道的资金占比均有不同程度的回落。具体资金来源渠道详见表 5。

表 5　2010、2015 年广西固定资产投资资金来源情况比较

指标	2010 年		2015 年	
	绝对值（亿元）	占比（%）	绝对值（亿元）	占比（%）
国家预算内资金	382.21	4.72	1207.52	6.91
国内贷款	1166.89	14.41	2259.16	12.92
债券	61.69	0.76	7.90	0.05
利用外资	70.82	0.87	36.47	0.21
自筹资金	4757.17	58.74	10981.75	62.80
其他资金	1170.38	14.45	2059.38	11.78

---

① 数据来源：2011—2015 年《广西统计年鉴》。

四、提升广西固定资产投资效益的建议

（一）合理规划固定资产投资，做好投资前的可行性研究，进行科学决策，并做好过程管理

固定资产投资取得的规模效益，可以从该投资的规模，以及该投资行为对经济增长所带来的效应这两方面进行考察。在某一段时期当中，固定资产的投资规模和结构应与该阶段社会经济发展规模相适应，能够促进经济平稳有序地发展。一是在对固定资产投资项目进行可行性研究和科学决策时，应制定固资项目的远期、近期规划目标，严格执行以管理会计为轴心的财务运行机制，使财务管理从被动应付和机械算账转变为超前控制和科学理财，重点从对市场、技术、财务、经济、社会和管理等六个方面对投资的可行性进行详细的研究和评价，以此作为筛选固定资产投资项目的依据，并充分利用政策、法律、法规来保障投资安全和效益。二是要加强对固定资产投资过程的科学管理，这是保障投资效益的重要手段。一方面，要建立目标管理制度和内部管理制度，使规划、设计、施工等部门在固定资产投资管理活动中能够协同高效地开展工作。另一方面应引入公平竞争机制，采用招投标方式选定能力强、信誉好、价格合理的企业作为固定资产投资项目的承包单位。

（二）调控和引导固定资产投资，促进投资规模稳增长

与东部、中部省份相比，广西固定资产投资的投资总量仍相对较小，且增长速度较慢。因此，政府要加强固定资产投资的宏观调控，保持适度的投资规模，引导固定资产的投资方向，优化固定资产投资的产业结构。一是加快广西投融资体制改革，充分调动民间投资的积极性，鼓励、引导和扶持广西民间多元化融资。要引导民间资本在新的成长性好的产业领域发展，如教育、信息、旅游、环保、高新技术等领域。从体制和机制上保障民间资本可以通过联营、股份制、BOT、TOT 等方式参与基础领域投资。二是增强对外资的吸引力，用好用足各类优惠政策，扩大利用外资总量。各地市要用优惠政策平台助推招商引资工作，提高外资履约率，增加投资总量规模。三是积极转变固定资产投资增长模式，改变以追求速度为目标的传统投资模式，逐步向以追求投资效益为目标的投资模式转变，合理调整投资布局，避免重复建设、低效率建设。

（三）优化调整投资结构，提升固定资产的投资效益

一是提高第一产业农业、畜牧业固定资产投资效益。对第一产业应当

以增加投资规模为主，积极调整第一产业中畜牧业和农业固定资产投资结构，尤其是关系到国计民生的农业，要改变其投资效益下降的趋势。对于林业和渔业，虽然其投资效益在西部大开发以后有所提高，但其投资规模相对比较薄弱，应当继续加大其投资力度，扩大投资规模。同时，应大力改善农村基础设施建设，推动广西第一产业的稳定发展。二是积极调整第二产业行业的固定资产投资结构。对于垄断性强的行业，应最大限度地取消和降低行业准入门槛。对于一般竞争性行业，如加工、制造和轻工业，要进一步改善市场环境，维持公平的市场秩序，保障市场竞争的有序进行。对于自然垄断行业，如部分基础设施行业，要积极引入一定程度的市场竞争，促使企业改善产品质量，降低成本。对于利润率下降的过剩行业，应鼓励其进行存量调整和撤资，提升资本配置效率。三是加强第三产业中高新技术行业的固定资产投资力度，优化投资结构。加大研究与试验发展、专业技术服务业、科技交流和推广服务业等的固定资产投资力度，加快高新技术从研究领域向生产领域的转换。此外，加强广西科技、文化、教育等产业的投资力度，促进劳动力素质的提高以及社会的安定团结。

（四）建立市场化运作机制，拓宽多元化的投资渠道，激发民间投资的活力

广西需要进一步加强固定资产投资资金的筹措力度。一是积极争取国家预算资金的支持，确保中央项目投资规模不下滑。二是引导金融机构做好资金营运规划，支持银行创新信贷产品，扩大银行贷款的使用比例。三是继续完善和落实鼓励民间投资发展的各项政策措施，进一步激发民间投资的活力。政府部门要加快投资体制的改革步伐，进一步放宽民间投资限制，拓宽民间投资渠道和领域，把做好促进民间投资发展工作与转变政府职能结合起来，简化行政审批手续，为民间投资发展营造良好的市场、政策、法治环境，激发投资创业热情，增强民间投资发展活力和后劲。四是加大招商引资力度，扩大增量投入。继续抓住当前产业升级发展的良好机遇，努力营造招商引资的氛围，优化投资环境，整合招商工作力量，积极吸引社会资金进入广西。

（五）积极推进重大项目规划和建设，并做好项目储备，形成持续的项目链

一是广西应积极主动地深入研究国家政策，找准本区域的地理优势、

资源优势和产业优势，利用好中国—东盟自由贸易区的发展平台，抓住经济转型、产业升级的契机，争取国家更大的支持，把政策效应落实到具体产业、扶持企业和争取重大项目上面，把中央的政策措施加快转化为促进广西经济跨越式发展的现实力量。二是想方设法确保重大项目的开工建设，提高项目的竣工投产率。各级政府和项目建设主管部门要及时对未按计划开工、"开而未动"和未按时间进度施工的项目进行调查统计，查找存在的问题并积极解决。此外，要进一步做好服务，协助投资单位推动项目建设，确保重大项目如期竣工并及时投入使用，尽早形成生产能力和产生效益。三是要做好重大项目的储备工作，这是增强发展后劲、推动结构调整、扩大投资需求的重要措施。一方面，各级政府要建立健全重大项目储备工作责任制，定期督查重大储备项目进展情况，及时通报国家和广西的产业政策、投资方向及投资重点，有针对性地指导前期工作的开展。另一方面，各类规划中要增加重大储备项目的内容，着重考虑近两年实施的项目，确定实施顺序，提前做好项目可行性研究、项目审批、资金渠道、土地计划等前期工作，形成持续不断的项目链，确保重大项目对全区投资经济的引领和推动作用。

（课题组成员：柯丽菲、陈洁莲、毛艳、邵雷鹏）

杨鹏等

新常态下广西发展战略及路径研究

【摘要】新常态对广西而言，既有趋势性变化的"全国共性"，也有因发展阶段和发展水平不同呈现的"广西特性"，经济发展既要面对旧问题的缠绕，又面临新情况新问题的挑战。如何准确把握新常态下广西经济发展特征，如何在新常态下培育新动力，真正做到"认识新常态、适应新常态、引领新常态"，是当前摆在我们面前的重大课题。

【关键词】广西 发展特性 新常态

一、新常态下广西经济社会发展的外部特征

认识新常态下广西经济发展特征和演变趋势，必须要认清当前国内外宏观经济形势的走势变化，做到"内"与"外"兼顾起来分析，"形"与"势"结合起来观察，"危"与"机"联系起来研判，才能准确把握广西经济新常态的共性和特性，引领和促进经济持续健康发展。新常态对广西而言，既有趋势性变化的"全国共性"，也有因发展阶段和发展水平不同呈现的"广西特性"，经济发展既要面对旧问题的缠绕，又面临新情况新问题的挑战。

（一）广西经济新常态具有"全国共性"

在全国一盘棋下，增速转挡、结构转型、动力转换也是广西经济新常态的题中之义，特别是经济增速回调成为广西经济新常态的主要特征。从近几年广西经济运行特征分析，广西经济转型升级愈发紧迫、人口红利逐步减弱、投资率持续下降、消费需求增长困难、产能过剩等问题越发突出，经济增长由前期的高增长区间转变为中高增长区间。"十二五"以来，2011—2015年广西经济分别增长12.3%、11.3%、10.2%、8.5%和8.1%，呈现明显的逐年递减态势，意味着广西经济增长将长期保持个位数的中速增长。

（二）广西经济新常态也有"广西特性"

广西作为后发展欠发达地区，目前刚进入工业化中期阶段不久，人均生产总值仅相当于全国水平的70%多，全面小康社会总体实现程度少于全国8个百分点左右，在发展阶段上还没有达到全国水平，虽然广西同步进入新常态，但与全国特别是东部地区相比有"被动"和"提前"进入的意味，经济发展也面临更多的挑战，广西新常态正处于新旧增速、新旧动能、新旧业态的过渡期。

广西特性一：经济由高速增长向中高速增长过渡。

向中高速增长区间回归的明显趋势，这是广西新常态的最基本特征，也符合经济潜在增长率下降的总体趋势，有助于抑制需求过度扩张和资源能源过度消耗，为加快转方式调结构留出了空间。作为后发展欠发达地区，广西经济总量小、人均水平低、贫困人口多，这是一个不容忽视的现实，要与全国同步全面建成小康社会，就要牢牢抓住发展第一要务，保持一个合理较快增长速度。根据潜在增长率变动趋势，综合考虑环境压力加大、资源约束加剧、经济增长方式亟须调整等因素，未来时期内，广西须力争保持比全国高1~2个百分点的水平。

广西特性二：产业向传统和新兴产业协调发展过渡。

传统依靠高强度要素投入和大规模"铺摊子"的粗放发展模式已经不能适应经济新常态发展要求，必须加快推进工业转型升级，不断增强产业综合竞争力，催生新的经济增长点。但同时也应看到，广西传统产业明显占据主导地位，短时间内要进行深刻调整的难度很大，如果调整幅度过大、调整速度过快，有可能引发就业困难和财政及居民收入下降，甚至形成系统性的经济、金融风险。因此，广西产业发展重心实现由工业调整为服务业的时机还未成熟，必须根据广西资源禀赋、环境容量、市场状况、产业基础等实际情况，加快利用高新技术和互联网新模式改造优化传统产业，促进传统产业加快向链条化、高精化方向发展，把传统产业做优做强和现代服务业培育壮大统筹起来仍是广西构建现代产业体系的首要任务。

广西特性三：动力向创新驱动和多元要素拉动过渡。

从全国情况来看，高速铁路、高性能计算机、新一代移动通信、物联网、智能机器人、3D打印等创新性技术不断取得突破，正引发影响深远的产业变革和模式创新；个性化、多样化的消费需求和新业态、新模式大量涌现，促进制造业加快向个性化定制、柔性化生产、网络化销售等模式转型，大众创业、万众创新正在成为经济增长新引擎，全国经济增长动力正在向技术创新驱动和多元消费拉动转变。但广西发展模式相对粗放、技术力量相对薄弱、创新能力相对不足，科技创新的贡献短期内还难以独立支撑经济持续较快增长，消费需求在短期内难以成为主要驱动力，投资仍将是拉动经济增长最直接、最有力、最有效手段，要素投入还将维持在较高水平。因此，适度发展"补链强链"型劳动密集型和资本密集型产业，加快向重点领域和薄弱环节投资，仍是今后一个时期广西加快经济发展的重要途径。

二、新常态下广西发展的总体战略选择

新常态，不是指一个新周期，而是一个新时期，不仅体现在速度的调整变动上，更体现在思想观念、思维模式、思路举措上。因此，要树立新常态思维，紧紧抓住"一带一路"等历史机遇，结合广西发展实际，加快培育经济发展新动力，科学谋划"十三五"乃至面向2030年的发展战略。

（一）基本思路

按照"四个全面"战略布局和"五位一体"总体布局，牢固树立创新、协调、绿色、开放、共享五大发展理念，紧紧围绕"三大定位"，顺应新常态下经济增速换挡、结构转型、动力转换的必然趋势，更加注重提高经济发展质量和效益，更加注重结构优化和能力提升，更加注重区域协调发展和产业集聚发展，更加注重发展新技术、新产品、新业态、新模式，积极挖掘培育新的经济增长点，加快构建创新能力强、融合程度高、质量效益好、持续发展潜力大的现代新型产业体系，奋力实现中央赋予广西的"三大定位"新定位新使命。

（二）基本原则

总的原则就是，把供给侧与需求侧结合起来，把发展方式转变、产业转型升级与创新驱动、开发带动、双核驱动、绿色发展结合起来。

1. 坚持供给侧与需求侧发力。

"供需两侧"发力是当前经济工作的主基调，供给和需求是经济活动的一体两面，二者既相对独立又紧密联系，不能截然分开。目前广西经济运行中遇到的问题，表面看为内需总体不足，实质是多层次、差别化有效供给不足的问题；表面看是产能过剩，实质是低端供给过剩与高端供给紧缺并存的问题，广西既要面对宏观经济下行的挑战，又要面对自身长期积

累的结构性矛盾。因此，必须在"供需两侧"同时发力，当前要把改善供给结构、提升供给质量作为主攻方向，矫正要素配置扭曲，扩大有效供给，使供给体系更好适应需求结构变化。

2. 坚持"三驾马车"与"三大引擎"结合。

"三驾马车"对广西经济的拉动作用依然存在，但不再是以往通过扩张性的刺激政策拉动，而是通过供给侧改革和效率提升扩展空间。在投资方面，要强调发挥有效投资对经济增长的作用，加强重点领域和薄弱环节投资；在消费方面，要通过供给侧创新实现居民消费升级，培育更多新型消费业态；在出口方面，强调提高出口竞争力，形成新竞争优势。要通过制度变革、结构优化、要素升级这"三大引擎"，提高资源配置效率。强调供给侧结构性改革，目的是坚持"三驾马车"与"三大引擎"双轮驱动、共同发力，保持供给与需求的对称平衡，实现经济良性可持续发展。

3. 坚持产业转型与绿色发展结合。

经济下行既是巨大的挑战，也是调整结构、加快建立现代产业体系的契机，必须以新技术新模式加快提升传统优势产业层次，拉长产业链条，做优产业结构，壮大产业集群。要加快清理"僵尸企业"，淘汰落后产能，大力发展生态经济，形成节约资源和保护环境的空间格局、产业结构和生产方式，走出一条富有广西特色的产业强、百姓富、生态美的绿色转型绿色崛起之路。

4. 坚持提质增效与创新驱动结合。

当前，广西经济发展的重点并不是扩张经济总量，而是提高经济增长的质量和效率，重点就是要积极推动经济发展从要素驱动、投资驱动向创新驱动、改革驱动转变，加快动力结构转换，塑造更多依靠创新驱动、更多发挥先发优势的引领型发展模式，着力提高经济发展的质量和效益。同时，积极营造创新发展环境，着力抓好重点领域和关键环节改革，突破体制机制障碍，激发内生动力，力争依靠创新培育和形成更多新的增长点。

5. 坚持区域发展与开放带动结合。

充分发挥和拓展独特的区位优势，以"三大定位"为统领，主动融入"一带一路"建设，加快培育参与国际合作和竞争新优势，尽快形成对内对外开放新格局，全方位拓展广西开放合作广度深度，以开放合作促进高质量的区域合作和经济发展。重点就是构建面向东盟、衔接欧美日韩、对接港澳台、服务西南中南的全方位开放合作新格局，形成国际区域性重要交通枢纽、产业合作基地、开放合作平台、人文交流纽带和区域金融中心，不断增创开放合作新优势。

三、新常态下广西主要战略路径选择

（一）推进产业转型升级，增强经济增长后劲

当前，广西正处于工业化中期和努力跨越"中等收入陷阱"的历史性关键阶段，必须加快结构调整，推动产业转型升级，促进可持续发展。要紧紧把握产业变革趋势，加快产业结构调整，促进产业提质增效升级。一是要坚持"稳中趋缓谋常态、进中求变促转型"，以传统产业改造升级和新兴产业培育壮大为广西产业转型升级的"两大主轴"，以技术改造、协同创新、两化融合、品牌建设为广西产业转型升级的"四轮驱动"；二是要坚持以改造提升传统优势产业为基础，充分发挥矿产资源、林产资源、农产资源优势，立足现有产业基础，通过先进适用技术的推广应用，将钢铁、冶金、建材（水泥）、农产品加工等传统的资源优势型产业提升到新的发展层次和发展水平；三是要紧抓新一轮产业革命和消费市场升级机遇，对战略性新兴产业要加强分业施策，要对基础较好的战略性新兴产业、新兴技术领域，实施精准发力，加快培育产业新业态，大力发展信息技术、节能环保、智能制造等新兴产业，完成增长动力的转换与接续；四是要大力发展休闲旅游、养生健康、金融服务、文化创业等新兴业态，吸纳更多的劳动力就业。

（二）优化投资发展环境，保持投资稳定增长

经过 30 多年尤其是进入 21 世纪以来的高强度、大规模开发建设后，传统产业相对饱和，但基础设施互联互通和新技术、新产品、新业态、新商业模式的投资机会大量涌现，对创新投融资方式提出了新要求。要充分用好"投资"这一关键抓手，通过优化投资结构，突出有效投资，强化基础投资，激发民间投资，努力保持经济可持续常态化增长。一是要加快实施县县通高速工程，紧抓国家重点支持中西部铁路建设的机遇，采取超常措施、超常办法加快铁路项目实施，确保到 2020 年，实现县县通高速、市市通高铁；二是要加快北部湾经济区、珠江—西江经济带港口和水运建设，全面提升通江达海互联互通能力；三是要加快推进城镇基础设施建设，加快完善城镇道路、桥梁、公共交通、燃气、给排水等基础设施建

设，加快实施棚户区（危旧房）改造工程；四是要加快工业投资结构优化，带动产品结构优化，大力支持提升装备水平的技术设备和全产业链延伸项目建设；五是要加快现代物流、商贸、信息服务、金融、旅游等重大服务业基础设施建设；六是要加快民生建设投资，尤其是做好居住、教育、文化、医疗卫生、养老等领域投资项目建设，积极鼓励社会资本参与投入。

（三）加快传统消费升级，促进新兴消费发展

消费的升级是经济升级的重要组成部分。当前，模仿型排浪式消费阶段基本结束，个性化、多样化消费渐成主流，保证产品质量安全、通过创新供给激活需求的重要性显著上升，必须采取正确的消费政策，释放消费潜力，使消费继续在推动经济发展中发挥基础作用。要全力实施消费升级发展战略，深度挖掘发展型和享受型消费潜力，加快促进传统消费向新兴消费转变。一是要制定出台新兴产业消费政策，引导居民由传统消费向信息消费、绿色消费、住房消费、旅游休闲消费、教育文体消费和养老健康家政消费等新兴领域转变；二是财政支出要进一步向民生领域倾斜，建立完善的民生保障体系，营造一个能消费、敢消费、愿消费的发展环境，通过民生改善提振消费，实现消费结构升级；三是要扩大中等收入人群，让更多人进入中等收入阶层，持续扩大中高档商品、现代服务和知识创新产品的消费规模，形成需求拉动现代农业、先进制造业、服务业发展的长效机制；四是要深度挖掘养生长寿、生态休闲资源，利用好"中国长寿之乡"集群，重点打造养生服务消费模式，培育成为在全国乃至全世界具有影响力的"品牌产业"；五是要积极引导居民转变消费习惯，创新开发移动终端 App 产品，引导居民实现由传统的消费习惯向移动终端消费转变，实现消费方式升级。

（四）培育协同创新能力，开辟创新驱动路径

经济发展动力正从传统增长点转向新的增长点，将更多依靠人力资本、质量提升和技术进步，经济增长更趋平稳，增长动力更加多元。广西经济发展滞后，转型升级步伐缓慢，其根本原因在于创新要素匮乏，创新载体不多，创新能力薄弱，难以为实现新常态发展提供持久动力。一是要构建提高创新能力的物质支撑体系，面向科技革命和发展需要，强化高水平研发试验设施建设；围绕产业发展需要，加快技术研发平台建设。二是提升核心和关键领域的创新能力，围绕生物医药、新材料、高端装备制

造、新能源汽车等，掌握一批重要知识产权和标准，推动产业由低成本要素驱动型向技术创新引领型转变。三是完善创新创业转化机制，推动万众创新，推动创新创业资源对接聚合，鼓励政产学研开展多种形式的合作，加强高校、科研院所、战略投资商、中小企业之间成果项目的对接。四是完善创新激励机制，让民营企业和科研人员成为有尊严、有情怀的创新主体。

（五）抓好新型城镇建设，保持经济稳定增长

新型城镇化是最大的结构调整，新常态下，适应和应对经济新常态，保持经济中高速增长，必须全面激活新型城镇化这一强大引擎。要全力推进以人为本的新型城镇化建设。一是要紧紧围绕"双核驱动、三区统筹"，优化布局推进集约高效、多元特色的城镇化发展格局；二是要努力实现到2020年，新增城镇人口700万左右，促进600万农业转移人口和其他常住人口落户城镇，形成新常态下的强大拉动力；三是要积极实施"城市群＋大县城＋农村城镇化"战略，加快户籍、就业、医疗、教育、社保等改革；四是要加快推动县城和中心镇的发展，促进产业集群、人口集聚和农民就业，有序推进农业转移人口市民化，促进有能力在城镇稳定就业和生活的常住人口有序实现市民化；五是要统筹推进户籍制度改革和基本公共服务均等化，解决好暂不具备落户条件或不愿落户城镇人口的教育、就业、医疗等基本公共服务保障问题；六是要针对农业转移人口逐年增多、农用地流转撂荒的问题，探索提出市、县、乡三级农村产权交易机构；七是要按照千万级人口规模长远规划南宁市建设，打造成为广西及西南中南地区经济社会发展的重要引擎。

（六）加强对外开放合作，提升贸易开放水平

一是要优化贸易结构。在巩固广西传统优势产品出口的同时，抓住东盟国家加大基础设施建设机遇，推动大型成套设备和标准、机电产品和高科技产品出口。鼓励从东盟及沿线国家进口农产品、矿产品及非资源类产品。稳定边境小额贸易，创新边民互市贸易，促进互市商品落地加工。二是要扩大投资贸易。加强优势产品出口，支持更多企业到南亚、东南亚国家建设一批经济贸易合作区，重点加快马中关丹产业园、中国·印尼经贸合作区等建设。吸引国外优势企业到广西合作建设产业园。三是要壮大服务贸易。巩固和扩大运输、旅游等传统服务贸易，推动广西中医药、民族医药、文化艺术、广播影视、新闻出版、教育、体育等特色服务出口。实

施"电商广西""电商丝路"工程，加快建设以中国（柳州）食糖网、中国（南宁）茧丝交易网等为主体的大宗商品电子交易平台、跨境电商平台以及供应链电子商务体系。

（课题组组长：杨鹏。课题组成员：杨鹏、曹剑飞、刘波、凌云志、袁珈玲、吴碧波、宁常郁）

袁珈玲等

互联网经济与广西实体经济融合发展研究

【摘要】互联网经济是信息网络化时代产生的一种崭新的经济现象，是基于互联网所产生的经济活动的总和，主要包括电子商务、互联网金融、即时通信、搜索引擎和网络游戏五大类型。互联网经济与实体经济都具有共同发展目标，实体经济是互联网产生与运行的根基，互联网对实体经济具有正效应，互联网与实体经济转型发展相互促进，它们之间也存在一定程度的矛盾。加快互联网经济与实体经济融合发展对广西具有重大意义：有助于打破时空局限，促进经济一体化发展；有助于改善就业结构，一定程度上缓解就业压力；有助于推动产业转型升级和增强经济增长动力预期；有助于针对消费者需求差异，实现群体市场细分；有助于增强金融体制特别是投融资体制改革的预期。

【关键词】互联网经济　实体经济　融合发展

一、互联网经济与广西实体经济融合的现状

（一）基本情况

1. 广西互联网经济规模不断壮大。

互联网经济在广西发展壮大主要表现为电子信息产业和电子商务的蓬勃发展。从与互联网经济密切关联的电子信息产业发展来看，到 2015 年，广西电子信息产业总产值突破 2000 亿元，"十二五"年均增长 30％以上，电子信息产业和信息服务业的发展有力推动了全区先进制造业和战略性新兴产业的壮大。2015 年广西电子商务交易额达到 4420 亿元，同比增长110％。在腾讯公司发布的 2015 年第 1 期《腾讯"互联网＋"指数报告》中，广西"互联网＋"指数在全国排第 14 位。其中，防城港市"互联网＋"指数在全国城市中排名高居第二，仅次于浙江杭州市。同时，广西东兴、灌阳等 8 个县（市）获批成为国家电子商务进农村综合示范县；桂林电商谷、北海高新技术产业园等园区获批国家级电子商务示范基地，广西

电商集聚发展初现雏形。"电商广西、电商东盟"工程建设加快，东兴、凭祥大力发展沿边跨境电子商务，初步形成了集仓储、物流、销售为一体的较完善的电商体系。

2. 互联网经济与广西实体经济融合发展取得新突破。

近年来，广西通过促进移动互联网、云计算、大数据、物联网与实体经济行业的融合发展，不断创造"互联网＋"行业的新业态。到2015年，广西两化融合指数超过全国平均水平，位居全国第17位、西部第3位，柳州、桂林国家级两化融合试点城市通过国家工信部验收，南宁市全国三网融合试点工作基本完成。多数商店、饭店、酒店等零售、餐饮、住宿行业实施Wi-Fi网络覆盖。一批实体经济企业已将互联网技术应用到企业各个关键环节，如玉柴数字化铸造车间完成智能化改造，上汽通用五菱等企业建成产、供、销、服务综合业务网络平台，柳工自主开发出了"工程机械云服务平台"等。

（二）存在问题

1. 互联网经济与实体经济融合基础不足。

广西互联网经济发展基础较为薄弱，在信息技术应用、大数据平台建设、工业软件开发等方面较发达地区落后，物联网、大数据、云计算等信息技术还不够成熟，严重影响了互联网经济与实体经济的融合发展。国家两化融合贯标试点企业数量较少，广西实体经济主体对互联网技术应用的投入不足，企业智能化改造意愿不强，创新能力和创新水平依然偏弱。以工业与互联网经济融合发展情况为例，广西目前的工业企业关键工序数控率、数字化研发设计工业普及率和应用电子商务开展采购、销售等业务的企业比例等衡量指标仍低于东部发达地区水平。

2. 互联网经济与实体经济融合平台短缺。

广西现有互联网经济与实体经济融合发展的信息平台数量较少，面向中小型实体经济主体服务的信息平台尤其缺乏，难以支撑两者融合发展需要。同时，由于国内经济下行压力较大，钢铁、水泥、玻璃等传统行业产能过剩，相应大宗产品价格下跌，广西这类产业发展面临较大压力，相关企业在利用互联网技术进行升级改造上的资金投入严重不足，急需建设一批专业信息服务平台，以支持传统产业升级发展。

3. 互联网技术人才短缺。

部分企业管理者难以适应互联网经济带来的在原料采购、生产加工、仓储管理、销售物流等方面的巨大冲击，且不能快速地应用互联网技术，导致广西实体经济企业生产技术和管理方法落后。互联网技术人才的短缺严重制约着广西实体经济的发展，部分实体经济员工难以掌握自动识别、信息物理融合系统、人机智能交互、分布式控制、智能物流管理等技术，甚至不了解应用这些互联网技术的意义和作用。

此外，广西还面临着发展电子商务和"互联网＋金融"政策支持不够，创新创业配套政策体系有待进一步完善等问题。

二、推进互联网经济与广西实体经济融合发展的重点

（一）互联网与制造业相融合

1. 促进互联网与传统制造业相融合。

依托广西传统制造业发展基础，把互联网及信息技术的应用作为传统制造业转型升级发展的重要支撑点和突破口，推动传统制造业与互联网经济深度融合，提高传统制造业在互联网时代的适应能力。立足食品、石化、建材、造纸与木材加工、轻纺等传统制造业发展现状，加快互联网技术在传统制造业领域的应用，重点开发生产工业机器人、人机智能交互系统等智能化产品，提升传统制造企业的装备和技术含量，进而降低传统制造企业生产、管理、物流等成本，加快传统制造产业转型升级，增强产业发展后劲。利用互联网技术，加强传统制造企业在生产、物流、管理、销售等环节的节能减排能力建设，提升绿色发展水平。引导传统制造企业提升信息化应用水平，加快制造企业实现全生命周期管理，提高企业研发、生产、管理和服务的智能化水平。

2. 促进互联网与先进制造业相融合。

充分利用云设计、云制造、生产实时监控、产品跟踪检测、远程诊断管理、全产业链追溯等信息技术，加快广西先进制造业发展，创造更便捷、更智能、更精准的制造方式、制造手段、制造流程等，提高制造产品性能水平。推进互联网企业与先进制造业企业间深化合作，共同研制、开发、应用工业机器人、人机智能交互、智能物流管理、增材制造等技术，积极建设数字化车间、智能工厂等智能制造平台，提高制造产品技术含量和智能化水平。利用互联网媒介，推动广西先进制造企业在研发设计、数据收集、工程服务、能源管理等方面实现开放共享。继续布局完善工业互联网、企业内网、移动通信网、无线局域网等信息基础设施，提高重点园

区、重点企业光纤接入能力。引导先进制造企业加快"互联网＋"格局下的业务创新，推动企业应用信息技术开展研发、管理和生产控制，培育数据驱动、网络协同、精细管理等新型制造能力。

（二）促进互联网与服务业相融合

1. 促进互联网与电子商务相融合。

广西发展电子商务的顶层设计包括：一个机制，即工作协调机制；一个平台，即公共服务平台；两个体系，即培训孵化体系、招商引资体系。一个机制：电子商务涉及众多政府职能部门，需要这些部门的服务、管理和监督。因此，必须建立一个工作协调机制，统领协调各职能部门，统一各部门建设目标，统筹解决遇到的问题。建议自治区政府成立"广西电子商务工作领导小组"，领导小组在商务厅下设办公室，协调政府各相关职能部门协同推进电子商务发展。一个平台：通过广西电子商务公共服务平台实现电子商务企业、物流企业、支付企业、政府监管部门互联互通，推动公共服务和商业服务的有机融合，确保电子商务"规范化、透明化、可监管"，为全区电子商务产业发展和应用推广提供强有力的支撑服务。依托自治区级平台建设市、县公共服务中心，为当地企业开展电子商务提供一站式电子商务服务。两个体系：培训孵化体系，依托高等院校、职业技术学校、社会培训机构，建设电子商务培训体系。建立创业孵化体系，鼓励电子商务平台商联合各市职业学校和社会人才培训中心建立中小网商发展的孵化器。招商引资体系，政府相关部门加大招商引资力度，吸引更多电子商务企业落户广西，发挥示范带头作用，吸引同类电子商务企业、上下游企业、服务配套企业来广西发展。

2. 促进互联网与金融业相融合。

借力沿边金改优势，尽快制定出台扶持互联网金融发展的专门政策。探索发展互联网金融新业态。以互联网金融为契机，促进互联网金融监管创新。

3. 促进互联网与交通业相融合。

以信息化、智能化为牵引，推动现代信息技术与交通运输管理和服务全面融合，大力发展"智慧交通"。提高城市公交智能化水平，建设"交通一卡通"工程、道路客运联网售票系统、高速公路电子不停车收费系统（ETC）等，为社会公众提供实时便捷的交通运行状态查询、出行路线规划、网上购票、智能停车等出行服务。推动跨地域、跨类型交通运输信息互联互通。形成更加完善的交通运输感知体系，建设汽车健康档案、维修诊断和服务质量信息服务平台，全面支撑故障预警、运行维护以及调度智能化。加快推进公路交通量调查系统、珠江航运综合信息服务系统建设，为优化交通运输设施规划与建设、安全运行控制、交通运输管理决策提供支撑。加快推进交通运输综合执法系统建设，提高交通运输治理能力。

4. 促进互联网与物流业相融合。

依托国家交通运输物流公共信息平台，建设广西交通运输物流公共信息平台广西区域交换节点，建立完善广西交通运输物流公共信息平台标准规范体系。加快建设广西—东盟港航公共信息平台、广西跨区域的口岸物流信息平台等一批提供物流供应链全程信息服务的重点物流互联应用子平台，逐步建成功能完备、面向东盟的广西交通运输物流公共信息平台，为广西物流行业提供全方位、全过程物流信息服务。大力推动新技术在物流领域的应用，在农产品、医药、汽车、机械等行业开展无线射频识别（RFID）技术的应用，推广使用电子数据交换（EDI）、货物分拣、自动引导车辆（AGV）等物流新技术，在各级仓储单元积极推广应用二维码、无线射频识别等物联网感知技术和大数据技术，实现仓储设施与货物的实时跟踪、网络化管理以及库存信息的高度共享。

（三）促进互联网与农业相融合

1. 制定广西"互联网＋"农业发展战略。

各地在制定"十三五"发展规划时，要做好"互联网＋"农业专项规划，形成统一谋划、稳步实施的格局。制定"互联网＋农业"技术发展路线图，指导"互联网＋农业"产业发展和应用示范，实现基础领域和关键技术突破，推动经济社会各领域的共同开发与利用加强"互联网＋农业"立法，加快农业数据开放、人才培养步伐。实现基础领域和关键技术突破，加快推进科学和工程领域的创新，为"互联网＋农业"发展创造良好环境。

2. 启动"互联网＋"农业六大行动计划。

"互联网＋"农业六大行动计划包括实施互联网助力农业产业化经营行动、"互联网＋"助力农业科技创新行动、推进"互联网＋"农业公共服务平台建设、"互联网＋"农产品质量安全保障行动、"互联网＋"助力农业生态建设行动、"互联网＋"助力农业走出去行动。加大农业信息化建设，加快培育新型职业农民，大力发展农村电子商务。

（四）促进互联网与创业创新相融合

1. 大力发展"互联网＋"创业创新区域平台。

积极探索创业创新体制机制改革，发挥示范和带动作用，为创业创新制度体系建设提供可复制、可推广的经验，打造若干在我国西南地区有影响力的创业创新中心。加快发展"互联网＋"创业网络体系，建设一批小微企业创业创新基地，促进创业与创新、创业与就业、线上与线下相结合，降低全社会创业门槛和成本。

2. 打造众创、众包、众扶平台，激发大众创业、万众创新和"互联网＋"乘数效应。

打造众创、众包、众扶平台，只要"一机在手""人在线上"，实现"电脑＋人脑"的融合，就可以通过"创客""众筹""众包""众扶"平台，获取大量知识信息，充分发挥"互联网＋"乘数效应，对接众多创业投资，引爆无限创意创造。

3. 加大区域带动，充分发挥创业创新先进城市的领军作用。

充分发挥南宁作为创业创新先进城市的领军和示范作用，注重典型引路，突出重点、以点带面、以强带弱引领和带动全区创业创新工作。要充分发挥面向东盟的区位优势，积极提升品牌的国际影响力和国际竞争力，努力打造广西"互联网"创业创新品牌。

经济篇

（课题组组长：袁珈玲。课题组成员：杨鹏、吴坚、刘波、曹剑飞、吴碧波、宁常郁、凌云志、张梦飞）

柯丽菲等

新常态下广西服务业新业态培育与发展研究

【摘要】在经济新常态下，服务业已经成为中国经济的重要支柱，为贯彻落实大众创业、万众创新发展战略，进一步加快转变经济增长方式，提升现代服务业的竞争力，近年来服务业新兴业态不断涌现。文章根据《广西现代服务业发展"十三五"规划》，并结合广西实际，选择了金融服务业、信息技术服务业、电子商务服务业、现代物流服务业、健康服务业进行重点研究，提出了完善制度设计，加强政策引导，促进业态创新，维护市场秩序，优化发展环境，实施"走出去"战略等方面的对策建议。

【关键词】新常态　服务业　新业态　培育发展

当前世界正处在大发展、大变革、大调整时期，新的产业形态、新的技术应用、新的要素组合不断涌现，大数据、信息技术和制造业加速融合，低碳技术和节能减排技术受到空前重视，技术含量高的新兴产业即将成为未来经济发展的制高点。在"新常态"的经济形势下，产业升级和经济结构的调整已经成为未来一段时期中国经济发展的重要方向之一。服务业已经成为中国经济的重要支柱，大力发展现代服务业已经上升到国家战略的高度，现代服务业的发展将作为未来一段时间我国调整优化产业结构的重要发展目标。近年来，为贯彻落实大众创业、万众创新发展战略，进一步加快转变经济增长方式，推进产业结构的战略性优化调整，提升现代服务业规模、层次、能级和竞争力，服务业新兴业态不断涌现。

服务业新业态是利用现代理念、网络技术、新型商业模式，通过创新发展起来的具有高成长性、高技术含量、高信息化和低资源消耗等特征的新型服务形式，它具有高知识密集、高技术含量、高附加值、高带动能力等特征。当前，广西面临着资源环境要素制约和国内外竞争不断加剧的挑战，以及经济社会发展长期积累的结构矛盾凸显、经济下行压力不断加大等一系列问题,加快培育服务业新兴业态,完善现代服务业体系,是新常态下进一步推动经济转型升级的必然选择,是拉动经济持续增长的最直接、最快捷、最有效的方式。

课题组借鉴外省经验和研究成果,根据《广西现代服务业发展"十三五"规划》,并结合广西实际,选择了金融服务业、信息技术服务业、电子商务服务业、物流服务业、健康服务业这五类具备一定发展基础、具有较大潜在需求的服务业新兴业态进行重点研究,提出了相应的发展对策,为广西经济社会的可持续发展提供新的驱动力。

一、金融服务业

（一）推动金融机构改革,建设治理完善、结构合理、具有竞争力和创造力的金融机构体系

一是要以建设沿边金融综合改革试验区为契机,加快地方金融组织发展,加强金融主体建设,做好"引金入桂""引资入桂"工作,吸引更多中外金融机构入驻广西,扩大金融资源的供给总量。二是大力吸引民间资本进入银行业,促进中小微金融机构的发展,重点推动普惠金融、绿色金融、互联网金融这几类新业态的发展。三是鼓励金融创新,提升金融机构的服务水平和竞争力,降低实体经济的融资成本。

（二）完善金融市场建设,打造多层次、多元化、功能齐全的金融市场体系

一是推动实力强的金融机构加快组建面向东盟的货币清算、结算及相关业务中心,深化与东盟国家的金融合作,创新跨境人民币业务。二是完善银行、保险、信托、证券、金融租赁公司等各类金融组织体系,积极发展地方新型金融组织,促进股权投资基金发展,培育广西多层次、多元化的金融资本市场。

（三）紧抓需求,加大金融产品和服务创新

一是推动符合农村需求、面向三农的金融产品创新发展,加强金融服务与精准扶贫的有效对接。二是培育壮大第三方支付、移动支付、电商金融等服务平台,持续推出针对中小微企业和高技术企业的金融产品和服务。

（四）加强金融支持实体经济力度

一是在充分发挥银行信贷投放主渠道作用的同时,重点加快资本市场

发展，规范各类交易市场管理，研究制定促进股权投资和多元融资的扶持政策，支持设立创业、产业投资基金，推动更多的企业通过资本市场融资。二是在金融资源投向方面，通过财政政策和市场化手段，健全覆盖自治区、设区市、县三级的政策性融资担保体系，引导激励更多的金融资源投向三农、小微企业、扶贫等民生领域和薄弱环节，进一步缓解实体经济融资难、融资贵问题。

（五）防范化解金融风险，营造诚实守信的金融发展环境

一是充分发挥地方政府的主导作用，推动各金融机构履行风险防控的主体责任，形成上下联动、齐抓共管、共同防范和化解金融风险的工作机制。二是要加强金融风险预警监测，建立健全各金融机构的内部控制体系，提升风险管理技术水平，避免发生区域性金融风险。三是推进社会信用体系建设，营造诚实守信的金融发展环境。高度重视并妥善处理涉及金融交易的投诉举报，加大打击非法集资的工作力度。

二、信息技术服务业

（一）大力研发软件产品，支撑行业解决方案，加快信息技术的推广和应用

一是政府出台政策，大力培育互联网应用技术，鼓励企业积极研发具有自主知识产权的软件产品，如东盟语种应用软件、嵌入式软件、3D打印机等产品，加快信息技术在各产业的应用，支撑行业解决方案。二是加强企业在重点千亿元产业、交通、物流等行业的信息服务，通过云计算、大数据处理、虚拟化技术等关键技术与行业发展相结合，培育服务业新业态。

（二）积极推进移动互联网产业发展，促进新型智能终端与互联网技术的结合

一是重点发展基于智能终端的信息内容产品开发及服务、基于大数据的移动支付、基于ICT的动漫游戏、位置服务、数字影视等信息技术的研发、应用及产业化。二是加快基于移动互联网的大数据技术平台建设，为金融、农业、医疗、教育、交通、旅游、娱乐等行业提供研发设计、生产制造、经营管理、市场营销等环节的大数据分析及应用。

（三）发展壮大广西北斗产业规模，加强研发，提高应用水平

一是加快导航定位卫星应用的技术研究，加大该技术在交通运输、海

洋渔业、移动通信、生态保护、气象测报、水文监测、电力保障等领域的应用。二是重点发展北斗卫星及多模式兼容的移动导航信息系统、无人航空器等应用产品，推动北斗导航产业集聚发展，这将有助于促进产业升级和培育新业态，惠及经济社会领域的各个方面。

（四）推动信息安全产业发展，做好信息安全技术的推广应用

一是加大对信息系统安全测评、涉密信息系统安全保密测评、信息系统安全风险评估等行业的技术支持。二是从政策上鼓励包括金融机构在内的各行业加大对信息安全技术、广西数字证书的推广和应用工作。

三、物流服务业

（一）促进物流产业升级，大力发展物流新业态

一是鼓励传统运输、仓储企业向供应链上下游拓展业务，延伸产业链，实现物流服务一体化。二是鼓励物流企业与商贸企业对接，引导商贸企业将原材料、辅料及零配件采购、运输、仓储、成品整理、配送、回收等业务进行外包，由第三方物流公司承担。三是利用大数据、互联网、云计算等信息技术，培育物流业与交通运输、新材料、新能源、汽车、金融、制造业、国际贸易等融合发展的新业态。

（二）重点建设交通基础设施，构建物流大通道

一是以南宁、柳州重点物流节点城市和北部湾沿海港口、西江内河港口为依托，重点建设有机衔接"一带一路"的现代综合交通基础设施，构建物流大通道。二是完善多式联运系统，推动公路、铁路、水路、航空等多式联运设施的建设。三是做好物流园区规划，积极引进和培育有竞争力的物流企业，建设广西物流信息交换和共享平台，加快现代物流集聚区建设。

（三）培育国际物流需求，深化保税物流体系建设，大力发展国际物流

一是推动物流业与广西具有发展优势的产业进行融合，积极发展国际贸易，培育国际物流需求。二是拓展陆路、水运、航空国际物流班线，提高国际货物的中转配送能力，支持物流企业开展跨境运输业务。三是打造物流企业与海关、检验检疫、交通、外贸、货代等机构无缝对接的信息平台，进一步提高通关效率。四是积极建设现有的保税区，争取设立新的综合保税区，完善保税物流功能，深化保税物流体系建设。五是鼓励本地物

流企业加快"走出去"的步伐，通过与国际知名物流企业的交流与合作，提升自身的国际竞争力。

四、电子商务服务业

（一）加快建设有广西特色的综合性电子商务平台，推动产业链延伸

一是引导互联网企业围绕机电产品、汽车、有色金属、医疗器械、食糖、红木家具、林产品、农产品等广西优势产业，充分利用资金、技术等优势，建设一批模式新、规模大、影响广的电子商务平台，支持实体经济的发展。二是鼓励广西各类电子商务平台跨区域建设、运营，丰富商品和服务种类，推动产业链延伸。三是利用综合性电子商务平台，大力发展面向东盟的跨境电子商务，优化通关服务，吸引国内外电商企业落户广西。四是鼓励电子商务企业实施"走出去"战略，以打造中国和东盟产品的聚集区为目标，建立境外物流、营销和服务体系，拓展东盟市场。

（二）积极促进电子商务与制造业、服务业融合发展

一是鼓励大中型制造业企业开展网络物流、电子采购、跨境电子商务等新业态，利用电子商务提升供应链管理能力。二是推进电子商务在市政、交通、医疗、教育、文化、旅游等领域的广泛应用，培育新型消费模式。三是积极打造具有广西特色和国际影响力的旅游电子商务服务平台，整合全区的旅游资源，形成涵盖住宿、餐饮、购物、娱乐、交通等综合信息的服务体系。

（三）大力促进电子商务产业集聚，发挥规模经济效应

一是做好产业布局规划，大力建设一批产业链完善、服务体系健全、具有区域特色的电子商务产业园区。二是借鉴国内外先进经验，结合区域特色创新园区管理的体制机制，完善投资环境，加大招商引资力度，吸引国内外电子商务企业及上下游产业链企业入驻，逐步形成集聚发展效应。三是积极培育电子商务创业园和孵化器，通过人才引进和加强培训等方式打造一支高素质的电子商务人才梯队，促进园区内电子商务企业的健康发展。四是以南宁市、桂林市国家电子商务示范城市为依托，加强电子商务示范基地的扶持工作以及重点企业的建设和发展力度，增强区域引导、行业辐射和产业带动的示范效应。

（四）加强电子商务创新，培育和发展电子商务新业态

一是引导电子商务积极应用云计算、大数据、移动互联网、物联网、

位置服务等新一代信息技术，推进经营模式创新和服务模式创新。二是紧密结合智慧城市建设，鼓励制造业网络直销（M2C）、线上线下业务结合（O2O）、社交电子商务、网络团购、社区综合电子商务、农村电子商务等电子商务新业态的发展。三是鼓励金融机构与电子商务企业开展广泛的金融服务合作，鼓励证券、保险、公募基金等企业和机构依法进行网络化创新。

五、健康服务业

（一）完善发展中医药医疗保健体系，提升中医健康服务能力

一是加大医疗设施的投入和人才培养的力度，力争使所有社区卫生服务机构、乡镇卫生院能具备中医药医疗的服务能力。二是从政策上支持优先将中医中药、中医诊疗项目纳入医疗保险的药品目录和诊疗范围。三是鼓励各级医疗机构开展中医医疗和预防保健的宣传普及，推广民族医药养生和保健服务。

（二）建设多层次、多元化的健康旅游产品项目

一是大力建设以北部湾滨海生态旅游、山区森林生态资源、传统民族医学、温泉疗养旅游、体育健康旅游为依托的生态康体养生旅游。二是创新健康旅游发展模式，主打特色旅游牌，促进多元化的产业融合，例如"康体养生＋生态休闲＋民俗体验""健康体检＋SPA 温泉＋观光游览""体育运动＋民俗体验＋观光游览"等。

（三）加大政策支持力度，探索构建市场化的远程医疗服务体系

一是加快远程医疗相关政策的研究和制定，积极推进远程会诊、远程影像诊断、远程病理诊断、远程监护指导、远程手术指导、远程教育等医疗服务。二是构建市场化的远程医疗服务体系，探索实施各级医院之间的远程协同诊疗机制，促进优势医疗资源纵向流动，提升广西医疗服务水平。

（四）积极发展健康保险服务，拓宽健康保险服务领域，建立保险保障合作机制

一是积极引进专业健康保险机构，在完善基本医疗保障制度、稳步提高基本医疗保障水平的基础上，鼓励一般性保险机构发展与基本医疗保险互补衔接的商业健康保险业务，提供多样化、多层次、规范化的健康保险产品，拓宽健康保险服务领域。二是通过政策引导，建立商业保险机构与

医疗、体检、护理等机构合作的机制，发挥商业保险机构在医疗行为监督、医疗费用控制、参保人健康管理等方面的积极作用，探索建立各级机构之间的保险保障合作机制。

（课题组成员：柯丽菲、陈洁莲、毛艳、邵雷鹏）

社会篇

2016 年度广西社会科学院科研成果选编

2016 年广西社会景气研究

【摘要】 广西在经济社会发展取得巨大成就的同时还存在着诸如社会事业发展相对滞后，社会结构不尽合理，公共服务供给不足，重管理轻服务以及发展中不平衡、不协调、不可持续等突出问题。本课题组对广西当前的社会发展状况进行科学的把握，在对近三年广西社会景气指数进行科学评价和分析的基础上，继续对 2016 年广西社会景气发展状况进行研判，为推进社会建设和社会治理提供理论指导和决策咨询服务。

【关键词】 广西　社会事业　社会景气　监测

一、前言

迅速的社会变迁，我国进入了一个经济快速发展、社会急剧转型、利益诉求多元、矛盾冲突频发的关键时期。在这种急剧的变迁过程中，由于各方面的原因，改革开放的一些重大成果没有惠及大多数人，从而使剧烈变迁的过程中的结构性矛盾和紧张状况越来越突出，社会发展与经济发展相比有所滞后。

目前，我们国家对经济形势已经有一套比较完备的现状监测和未来预测体系，国家统计局中国经济景气监测中心每月发布我国经济运行状况景气指数。与之相比，面对社会发展和社会结构转型过程中出现的问题时，我们却缺乏相应的监测和分析工具，也没有专门机构对社会发展状况的监测进行系统的研究，这导致长期以来我们在解决这些问题上处于被动境地。这一方面是因为对社会发展状况监测的难度较大、涉及面较广、主客观数据资料收集较难、调查实际操作难点较多；另一方面可能也与长期以来重经济增长、轻社会发展的观念有关。

如何从宏观上与微观上把握我国社会发展的形势，如何分析和看待在发展过程中出现的问题，对于我们国家今后的发展至关重要。如果我们对社会发展趋势进行动态的监测，能够在正确把握社会发展形势的基础上做出准确的判断，并据此进行相应的制度设计与安排，不仅对学术研究，而且对政策的制定有着举足轻重的意义。

具体到广西来讲，作为一个经济欠发达的西部省份，广西目前正处在改革攻坚、爬坡过坎的关键时期，在经济社会发展取得巨大成就的同时，也还存在不少困难和亟须解决的问题，诸如经济社会发展"一条腿长、一条腿短"的局面还没有根本改观，社会事业发展相对滞后，社会结构不尽合理，公共服务供给不足，重管理轻服务以及发展中不平衡、不协调、不可持续等问题依然突出；稳增长、促改革、调结构、惠民生、防风险的任务仍然十分艰巨，影响社会稳定的社会风险一定范围内仍长期存在，确保社会既充满活力又和谐有序的社会治理体制机制仍有待进一步完善。

本课题组为了对广西当前的社会发展状况进行科学的把握，在对近三年广西社会景气指数进行科学评价和分析的基础上，继续对 2016 年广西社会景气发展状况进行研判，为推进广西社会建设和社会治理提供理论指导和决策咨询服务，显得尤为必要。

二、研究的内容与方法

景气通常指社会再生产周期的高涨阶段中生产增长、失业减少、信用活跃等经济繁荣现象，是一个用来对经济发展活跃状况和程度进行综合性描述的概念。对景气的测量方法是基于经济周期理论和指数理论采用统计方法构建各种指标对景气波动进行观察和检测的经济景气分析方法。与经济景气相同，社会发展状况也存在繁荣景象，即社会景气。但是与经济景气不同的是，社会景气研究的重点在于如何对社会的总体发展状况和运行态势进行具体分析，且一个社会是否繁荣与每个民众的主体感觉相联系，是每个个体的主观感受和个人态度。因此社会景气很难如同经济景气一样，进行具体的、客观的量化指标操作。

在国外（主要是欧洲国家），大约从 20 世纪 90 年代开始关注社会发展状况并进行相关研究。早在 2009 年，欧盟成员国就开始使用一种称之为"欧洲晴雨表"的做法，从个人状况、各成员国的经济状况和社会经济环境以及社会政策状况三个方面，从受访者对某些社会事项的主观态度反映社会发展状况，用一套主观的指标来评估欧盟成员国社会发展程度。在欧盟的社会景气指数测度中,社会景气是指调查者对个人状况、国家状况、社会保障和社会包容的主观看法。欧盟的社会发展状况评估研究形成了较为成熟的问卷体系,其研究方式成为世界上其他各国参考的重要标准。

在本研究中,社会景气主要是指人们对他们目前所处的社会结构环境良好与否以及是否得到改善的一种主观感受,这些感受可通过人们的满意度水平、相对剥夺感状况和对政府的信任程度进行测量。

首先是满意度,人们会从微观、中观和宏观三个维度来感受和评价其所处的社会环境。微观上,人们会从个人可持续发展的角度,直接从个人切身的经济收入状况、社会地位状况及向上流动的机会状况,来感受目前的社会环境是否发生变化。在中观和宏观层面上,人们可以从其生活中的社区及国家的政策对生活质量的改善、社会包容及社会参与的影响程度上,来感受社会环境是否发生变化以及发生多大程度上的变化。

其次是相对剥夺感。相对剥夺感主要是指人们从期望得到的和实际得到的差距中所产生出来的或所感受的、特别是与相应的参照群体的比较过程中所产生出来的一种负面主观感受、一种不满和愤慨的情绪。一般而言,关注以及缓解人们的被剥夺的状况是社会发展的基本目标之一,其反映的是人们追求社会公平正义的理想和期盼。

再次是对政府的信任度。对政府的信任度是人们对政府执政能力与自我治理的主观感受,是对政府所做的相应的制度安排的评价。人们对政府工作满意或不满意直接或间接影响人们对政府的信任、政府的权威以及政府行为的合法性。人们对政府的信任度越高,政府的公信力也就越大,政府行为合法性的基础也就越牢固。此外,在社会发展过程中,政府职能的变化、责任的强化及执政能力的提高在很多情况下都是与社会、公众和市场不断互动和博弈的过程。

社会景气完整的指标构成如图1所示:

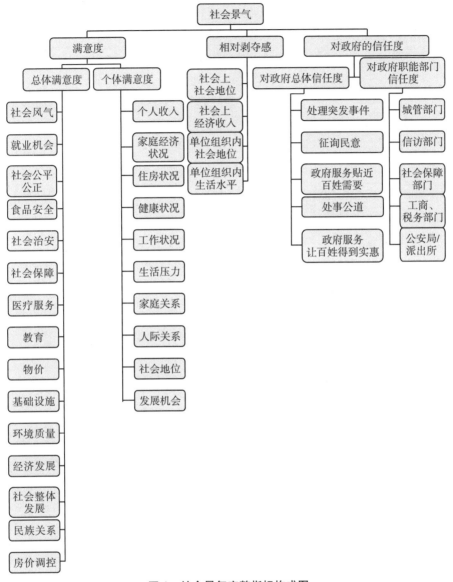

图 1　社会景气完整指标构成图

社会景气指数主要由上述满意度、相对剥夺感和对政府的信任度三个子量表加总而成，其指数的分值为 0~100，分值越高表示社会景气状况越好。

在上述理论判断的基础上，我们实施了"2016 年广西社会景气"问卷调查。在这次问卷调查中，我们设计了专门的题器用于测量广西的社会景气指数。这次调查拟推论的总体是广西壮族自治区内城乡居住的 16 岁及以上的人口。抽样方式采取的是多阶段抽样设计，其中县级行政区划（县、市辖区及县级市）为一级抽样单位，社区（村/居委会）为二级抽样单位，家庭户为三级抽样单位，最终抽样单位为个人。

根据《广西统计年鉴（2015）》，广西共有109个县域经济单位，构成一级抽样单位。按照与人口规模成比例的PPS原则，我们随机抽取了10个县级单位；在每一个被抽中的一级抽样单位中，也同样按照多阶段不等概抽样原则，分别抽取7个社区，共得到70个二级抽样单位；再在每一个被抽中的社区中，按照系统抽样的原则，抽取15个家庭户，并另外增加5户作为备用样本；每个被抽中的家庭户中生日距7月1日最近的家庭成员即为最终的接受访问的对象。

本次调查从2016年8月1日开始，至8月31日结束，历时一个月。

经过问卷的复核、编码、录入，以及清理检验，最后得到有效问卷共981份。

样本的分布情况如下：

表1　样本在性别上的分布

性别	个案数	百分比	累计百分比
男	486	49.59	49.59
女	494	50.41	100.00
合计	980	100.00	

表2　样本在年龄上的分布

年龄	个案数	百分比	累计百分比
16～29岁	250	25.64	25.64
30～39岁	233	23.90	49.54
40～49岁	254	26.05	75.59
50～59岁	142	14.56	90.15
60岁及以上	96	9.85	100.00
合计	975	100.00	

表 3　样本在婚姻状况上的分布

婚姻状况	个案数	百分比	累计百分比
未婚	238	24.82	24.82
初婚	621	64.75	89.57
丧偶	61	6.36	95.93
离婚	21	2.19	98.12
再婚	18	1.88	100.00
合计	959	100.00	

表 4　样本在文化程度上的分布

文化程度	个案数	百分比	累计百分比
小学及以下	179	18.32	18.32
初中	293	29.99	48.31
高中	221	22.62	70.93
大专	107	10.95	81.88
本科及以上	177	18.12	100.00
合计	977	100.00	

表 5　样本在就业状况上的分布

就业情况	个案数	百分比	累计百分比
在家持家	219	22.96	22.96
失业下岗	35	3.67	26.62
离退休	19	1.99	28.62
临时性工作	395	41.40	70.02
固定工作	286	29.98	100.00
合计	954	100.00	

表 6　样本在收入上的分布情况

月收入	个案数	百分比	累计百分比
1000 元及以下	222	23.08	23.08
1001—2000 元	207	21.52	44.59
2001—3000 元	280	29.11	73.70
3001—4000 元	178	18.50	92.20
4001—5000 元	51	5.30	97.51
5001 元及以上	24	2.49	100.00
合计	962	100.00	

三、研究结论

（一）总体结论

社会景气主要是指人们对他目前所处的社会环境的一种主观感受。在通常情况下，人们对这种社会环境的主观感受，主要是指不同社会群体对向上流动和自我改善的机制以及对社会氛围感觉良好与否，在与不同群体社会互动中对公平公正、机会均等、平等参与等社会环境的基本结构要素改善与否的评价，社会景气正是试图通过人们的主观感受来描述这种具有结构性特征的社会环境，与此同时试图分析，在这种社会环境中，人们是否以及在多大程度上被影响或被激励。

前述对社会景气的数据分析表明：

1. 广西 2016 年社会景气指数为 62.53，处于一般水平。这其中，满意度指数为 62.89，相对剥夺感指数为 54.13，对政府的信任度指数为 66.37，均处于一般水平。

这从侧面说明公众对社会现状评价一般，感受也一般，目前经济社会发展水平离人民群众日益增长的物质文化需求还有不小的距离。

2. 社会景气评价呈现受访者的社会经济地位越高，即收入水平、社会地位、教育水平及职业声望越高，他们对社会景气的评价就越好的趋势。

3. 如果把社会景气指数的三个子量表展开来分析，我们会发现：广西 2016 年公众的满意度指数为 62.89，处于一般水平。其中，对社会总体满意度指数为 63.76，对个体生活满意度指数为 62.00，公众对社会总体的满意度高于对个人生活的满意度。

在社会宏观层次上的满意度中，公众最为满意的三项依次是民族关系（均值为 70.23）、基础设施建设情况（均值为 68.41）和社会整体发展（均值为 68.24），最不满意的三项依次是物价水平（均值为 56.82）、食品安全状况（均值为 57.02）和房价调控（均值为 57.83）。在个体微观层次的满意度中，公众最为满意的三项依次是家庭关系（均值为 71.44）、人际关系（均值为 69.45）和健康状况（均值为 69.01），最不满意的三项依次是发展机会（均值为 55.41）、生活压力（均值为 57.00）和个人收入水平（均值为 57.22）。

在相对剥夺感子量表中，人们在与社会上其他人相比时对自己的评价要远低于与单位中同事相比时对自己的评价，45.59% 的受访者在与社会上的其他人相比时认为经济收入较低，42.83% 的受访者在与社会上其他人相比时认为社会地位较低；相比之下，22.51%的受访者在与单位同事相比时认为生活水平较低，23.53%的受访者在与单位同事相比时认为社会地位较低。

在对政府的信任度子量表中，人们对政府职能部门的信任度（均值为66.78）高于对政府总体层面的信任度（均值为65.96）。人们对政府总体层面最为信任的是政府服务让百姓得到实惠（50.98%的受访者认为很信任和较信任），对政府职能部门最为信任的是公安局/派出所（56.08%的受访者认为很信任和较信任）。

4. 人们在与社会上其他人相比时的评价尤其是经济评价要低于与单位同事相比时对自己的评价。人们在组织内、社会上的相对剥夺感都具有"地位一致性"特征，即受访者经济收入低的同时更多地意味着其社会地位也低，经济收入高的同时更多地意味着其社会地位也高。这会不会必然导致某些人担心的"强者越强、弱者越弱"的所谓社会阶层结构"固化"的情形出现呢？我们并不完全同意这种看法。因为，相对剥夺感是受访者的一种主观感受，当然在很大程度上反映了其自身的社会经济地位状况。而社会阶层是否"固化"，则要看社会流动的渠道是否畅通，它实际上反映了社会的公平公正状况。

5. 广西 2016 年公众对政府的信任度指数为 66.37，处于一般水平。其中，对政府总体信任度指数为 65.96，对政府职能部门信任度指数为66.78。公众对政府相关职能部门的信任度高于对政府总体信任度。从政府信任度指数分布情况来看，在各个事项上显著呈现出受访者对政府责任履行状况未来预期越好，对当下政府的信任度就越高的趋势。但在各个事项上，一半左右的公众对政府责任履行状况获得改变所持的期望值不高，应该引起政府有关部门的高度重视，以期提高公众对政府的信任度。

（二）具体结论

1. 对满意度的研究得出的具体结论。

（1）公众最满意民族关系、基础设施建设情况、社会整体发展和教育发展，最不满意物价水平、食品安全状况、房价调控和社会治安状况。

（2）就业机会、物价水平、社会治安、社会风气等呈现重要性高但满意度低的现象。

（3）公众最满意家庭关系、人际关系和健康状况，最不满意发展机会、生活压力和个人收入水平。

（4）个人发展机会和收入水平呈现重要性高但满意度低的现象。

（5）高学历受访者的满意度更高，高收入者的满意度高于低收入者。

（6）经济收入稳定性对满意度有显著影响。

（7）在国有单位工作的受访者的满意度更高。

（8）有行政级别的受访者的满意度更高。

2. 对相对剥夺感的研究得出的具体结论。

（1）文化程度越低，相对剥夺感越强烈。

（2）低收入受访者的相对剥夺感更强烈。

（3）经济收入越稳定，相对剥夺感越弱。

（4）在非国有单位工作的受访者的相对剥夺感显著高于在国有单位工作的受访者。

（5）无行政级别的受访者的相对剥夺感更为强烈。

（6）无论是组织内还是社会层次上的相对剥夺感均具有"地位一致性"特征。

3. 对政府信任度的研究得出的具体结论。

（1）公众对"政府服务让百姓得到实惠"的信任度最高，对"政府愿意听取老百姓意见"的信任度较低。

（2）公众对公安局/派出所的信任度最高，公众最不信任的是城管部门，其次是信访部门、社会保障部门。

（3）在国有单位工作的受访者对政府信任度更高。

（4）从事临时性工作的受访者的政府信任度更低，离退休受访者的政府信任度最高，失业下岗的受访者对政府信任度则更高。

（5）无行政级别的受访者对政府信任度低于有行政级别者。

（6）高收入者对政府信任度高于低收入者。

（7）公众对政府违规失职受到追究情况评价越高，对政府职能部门信任度就越高。

（8）对政府办事效率情况评价越高，对政府职能部门信任度就越高。

（9）对公务员廉洁自律、政府征询民意、预防和惩治腐败、政府履责情况的评价越高，则对政府部门的信任度就越高。

（课题组组长：谭三桃。课题组成员：邓莉莉、陈雨、周可达、李春华、罗国安、曹玉娟、郑绘）

郑绘等

2016 年广西公众社会心态及未来预期

【摘要】以社会发展理论为指导，主要运用社会学、统计学、心理学、经济学等多种理论手段，运用电话调查、问卷调查、集体访谈等方法，以定量分析为主、定量与定性分析相结合。从多个不同侧面分析广西公众社会心态的基本状况及发展趋势，并以此提出相应的政策建议。

【关键词】广西　公众心态　未来预期

一、研究背景

有超过 388 万的网友参与人民网"2016 年两会热点调查"，其中"社会保障"话题位居十大热点榜首，居民收入、医疗改革、打虎拍蝇、教育公平、住房、环境保护等话题依次排前，"大众创新、万众创业""一带一路"等热门词汇首次上榜。

二、研究方法

本课题坚持科学发展观，以社会发展理论为指导，主要运用社会学、统计学、心理学、经济学等多种理论手段，运用电话调查、问卷调查、集体访谈等方法，以定量分析为主、定量与定性分析相结合。从多个不同侧面分析广西公众社会心态的基本状况及发展趋势。共获取有效调查问卷806 份，其中主问卷 706 份，分问卷 100 份。

三、调查结果分析

（一）2016 年广西公众对经济社会发展的评价

1. 对社会发展总体形势的积极评价大幅回升。

近年来，广西公众对全区社会发展总体形势积极的评价一直处于积极上升趋势，但 2015 年对总体形势评价消极情绪明显增多，2016 年公众对社会发展总体形势积极的评价大幅回升（参见图1）。结合实际情况来看，2016 年以来广西经济保持了总体平稳的发展态势①，这给全区广大人民群众对未来社会发展增强了信心。

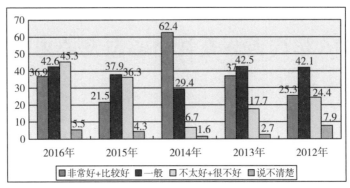

图 1　2012—2016 年广西公众对广西社会发展总体形势的评价（单位：%）

数据来源：2012—2016 年广西社会热点与公众社会心态调查。

2. 完善社会保障制度应当把握好重点。

"完善社会保障制度"选项已经连续四年超过"经济持续发展"选项。这反映社会保障制度保障作用的重要性已经超过了经济收入、职业薪金等经济发展的因素。通过分类访谈和交互数据分析发现，广西对弱势群体保障性不足，社会保障城乡差异大、体系公平性缺失、支持力不足等是应当重点解决的问题。调查详情参见图 2。

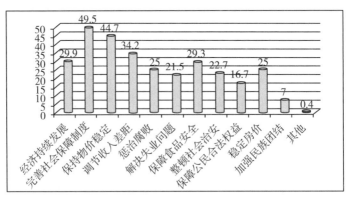

图 2　广西公众对保持社会稳定发展因素的判断（单位：%）

数据来源：2016 年广西社会热点与公众社会心态调查。

---

①　广西壮族自治区统计局、国家统计局广西调查总队《2016 年前三季度广西经济运行情况》。来源于广西统计信息网 http://www.gxtj.gov.cn/。

3. 物价的持续上涨应给予足够重视。

公众在对 2016 年广西经济发展情况的评价中，仍旧有近四成接受调查的公众对当前的"物价水平"表示不满意（详见图 3）。"物价水平"这一指标的满意度评价已连续三年处于最低。

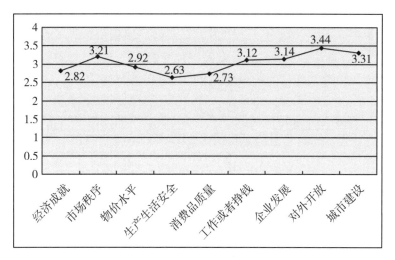

图 3　2016 年公众对广西经济发展情况的评价（单位：分）

数据来源：2016 年广西公众社会心态调查。

据统计数据，2016 年 1 月至 10 月广西居民消费价格指数（CPI）和全国相比基本持平，详见图 4。但其中食品烟酒类、医疗保健类价格涨幅明显偏高。这些必须引起足够重视，应当找准原因，因地制宜采取有力措施，将其价格的涨幅控制在合理范围内。

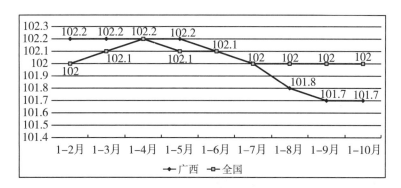

图 4　2016 年 1—10 月广西 CPI 增速与全国比较图（单位：%）

数据来源：中国统计信息网和广西统计信息网整理。

4. 房价的快速上涨引发公众担忧。

"房价调控"（2.54 分）自 2011 年后再次成为最不满意的选项（参见图 5）。

自 2015 年以来，国家首次提出要盘活存量，各地因城施策出台一系列宽松政策，房价在部分一二线城市的上涨之快令人瞠目结舌。根据自治区统计数据来看，2016 年 1—10 月，广西商品房售价达到了 5543.81 元/平方米[①]，远远超过了大多数公众经济承受能力[②]，这也与国家"去库存"满足广大人民群众住房的改善性需求的初衷背道而驰。

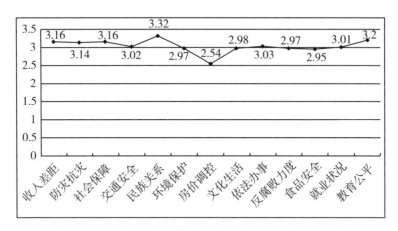

图 5　2016 年公众对广西社会发展状况的评价（单位：分）

数据来源：2016 年广西公众社会心态调查。

5. 参与网购新业态发展热情持续提高。

2016 年，"双 11"销售规模定格在 1207 亿元，又一次书写了互联网购物新业态发展的盛况。调查数据显示，73.8%接受调查的公众参与到网购这一新业态发展当中。再经过交互数据分析发现，参与网购的公众年龄结构在不断扩展。2016 年上半年，广西电子商务交易额达 3102 亿元，同比增长约 60%。可以预见未来"互联网＋"新业态将加速发展，成为广西开展创新创业的热土。

---

①　广西壮族自治区统计局：《经济运行稳中有进下行压力依然较大——2016 年 1—10 月广西经济运行情况分析报告》。

②　根据 2016 年相同课题调查数据，89.2%的被调查公众能接受的房价为 4000 元/平方米以下。

（二）2016年广西公众对各级政府工作的评价

1. 基层政府工作仍然需要加强。

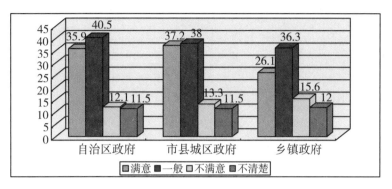

图6 2016年广西公众对各级政府工作的评价（单位：%）

数据来源：2016年广西公众社会心态调查。

在对广西各级政府工作的评价中，公众对2016年对各级政府的满意评价基本呈逐级递减趋势（详见图6）。接受调查的公众对乡镇政府的工作满意度最低，为26.1％。结合历年对各级政府评价来看，公众对乡镇一级的基层政府的满意度评价一直处于较低水平。

2. 社会保障、就业和基本医疗是公众对政府公共服务的三大基本需求。

为全体人民提供基本公共服务是政府的责任与义务，构建行之有效的基本公共服务体系是政府转变职能的重要方面。在被问及对政府公共服务的迫切需求时，"社会保障""就业服务""基本卫生医疗"三个选项连续多年排在前三位，成为公众对政府公共服务最基本的三大需求。

3. 改善人民群众住房工作仍有缺失。

公众对地方政府各项工作的评价中，"改善住房条件"选项评分排在最后一位（参见图7）。

据我们入户调查了解，公众对住房条件的改善需求不仅仅局限在对"房价调控"上。一方面，有72.9％接受调查的公众表示出对"经济适用房"和"限价商品房"等政策性保证住房的需求；另一方面，公众希望政府对住房的配套设施建设、道路交通状况、物业管理、建筑绿化面积等加强管理。

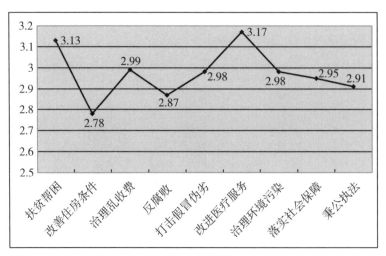

图7 2016 年广西公众对地方政府各项工作的评价（单位：分）

数据来源：2016 年广西公众社会心态调查。

4. 创新创业服务工作亟须加强。

在我们对公众的调查中发现，各级政府部门在推动大众创业、万众创新各项工作中还存在诸多不足。一是大多数公众对此关注度不高，说明大众创业、万众创新的宣传培训工作还做得不够到位。二是平台服务工作不足。三是创新创业环境营造不足。

（三）2016 年广西公众对生活状况的评价

1. 多数公众对总体生活状况表示满意。

调查数据显示，2016 年广西公众对自己的总体生活状况评价多数表示"一般"或"满意"（参见图 8）。对自己生活 11 大方面打分情况来看，

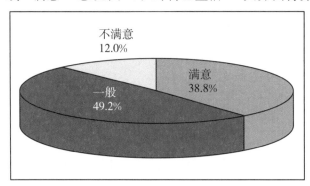

图8 2016 年广西公众对自己总体生活状况的评价（单位:%）

数据来源：2016 年广西公众社会心态调查。

"文化娱乐""经济收入""职业的社会声望"等选项排在前三位。而"身体状况"和"工作压力"则排在了最后两位，这是导致当前社会公众对自己生活状况不满意的两大因素。

2. 食品药品安全一直是公众最关注的社会问题。

在被问及最关注的社会问题时，有30.5%接受调查的公众（参见图9）选择了"食品药品安全"。结合公众历年对经济发展情况的评价来看，"食品药品安全"的评价一直排在首位置。

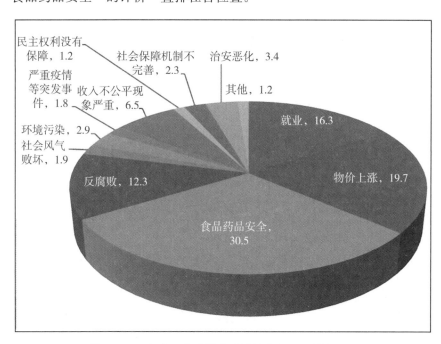

图9　2016年广西公众最关注的社会问题（单位：%）

数据来源：2016年广西公众社会心态调查。

（四）2016年广西公众社会心态未来发展预期

1. 社会公众需求向多层次、多领域、高标准发展。

近年来，广西公众需求呈现多层次、多领域、高标准的发展趋势。一方面是生理性需求提高，洁净的空气、无污染的水、安全健康的绿色食品、改善的住房条件、保障健康的医疗条件等，成为民众新的需求；另一方面是社会性需求提高，民众的平等、公平、公正的法律意识，创新创业个人发展认识等逐步提高，获取社会的尊重与认同成为新社会性需求。

2. 加强公平性建设是社会保障制度建设的重要着眼点。

在公众社会需求中，社会保障制度改革一直都是一个核心问题。多年来广西大多数社会公众认为"完善社会保障制度"是保持社会稳定发展起最关键作用的因素。"完善社会保障制度"选项在各社会群体的认可度逐年提高，说明社会保障制度的"保障"功能普遍性正在增强，对社会公众和谐心态的塑造具有更为广泛的稳定和促进作用。因此，加强制度公平性建设是社会保障建设急需改进的重要着眼点。

3. 加强保障房供给是减轻社会公众忧虑感的重要途径。

从历年调查的结果看，房价过高、涨幅过快一直是民生的焦点问题之一。广西仍存在住房供应结构调整步伐较为缓慢、居民主流需求得不到满足、中低收入家庭住房支付能力不足等突出问题；从深层次看，政府公共服务职责还有待进一步强化，住房机制还不完善，必须进一步深化改革，建立和完善符合区情的住房体制机制和政策体系。

4. 做好创新创业服务，促进更多社会成员实现自身发展。

世界经济发展放缓，国际市场需求减弱。我国经济进入新常态，经济下行压力还在加大，经济发展环境"硬约束"进一步加强，我们就必须走集约发展、高科技含量发展、高附加值发展的道路。必须推动大众创业、万众创新，让千千万万个市场细胞活跃起来，这既有利于国家经济找到新的增长点，又有利于更多社会成员在创新创业过程中实现自身发展。

（课题组组长：郑绘）

郑绘等

2016 年广西公众创业创新调查报告

【摘要】党的十八大明确提出实施创新驱动发展战略，将其作为关系国民经济全局紧迫而重大的战略任务。自治区政府也明确指出，以创业促创新，以创业促就业，以创业促发展，加快形成广西大众创业、万众创新的良好局面。为更好地了解公众对"大众创业、万众创新"的态度和意见，本研究在全区范围内开展了专题调查。

【关键词】广西　社会公众　创业创新　专题调查

一、调查的基本情况

（一）调查目的

通过问卷调查，了解广西城乡居民对创业创新的基本态度、创业创新意愿及对广西创业创新环境的评价。

（二）调查样本的构成情况

本次调查共发放问卷 706 份，调查地点选取南宁市、桂林市、来宾市等 8 个市县。调查数据采用 SPSS 统计软件进行分析。

二、调查结果分析

（一）对创业创新环境的评价

1. 半数以上受访者认为创业创新环境一般。

在问及居住地的创业创新环境如何时，受访者中的 22％认为较好，22％认为较差，56％认为一般。将受访者的评价和其个人的社会特征作交互分析发现：年龄和性别对创业创新环境评价没有显著影响；受教育程度越高，对创业创新环境评价相对越好；创业成本越高的地方，对创业创新环境评价相对越低；职业因素对创业创新环境评价有显著影响；中等收入者对创业创新环境评价最低。

2. 两成以上受访者表示身边有方便的创业场所或平台。

在问及身边有无方便的创业场所或平台时，25%受访者表示有，23%表示没有，52%表示不了解。调查结果一方面说明大部分受访者可能平时不太关注身边的创业平台信息，另一方面说明受访者身边的创业场合或平台可能比较少。

（二）对创业创新的关注情况

"大众创业、万众创新"中的"大众"和"万众"基础尚未扎实形成。

在问及平时是否关注"大众创业、万众创新"等相关信息时，10%的受访者表示经常关注，33%表示偶尔关注，57%表示不太关注。交互分析发现：年轻人对创业创新的关注度略高，但和其他年龄群体差异不大；受教育程度越高，对创业创新关注度相对越高；创业成本越低的地方，对创业创新的关注度相对越高；中等收入者对创业创新的关注度最低。

（三）创业方式选择和创业服务需求情况

1. 创业方式选择呈现多元化。

在问及如果进行创业，想通过（或已通过）什么样方式进行时，受访者中的9%表示想通过或已经通过开连锁店的方式创业，21%表示通过注册开公司的方式，21%表示通过网上开店的方式，24%表示通过加盟代理的方式，25%表示通过其他方式创业。

2. 创业创新最需要开拓市场、引进人才等方面的服务。

在问及创业创新最需要什么服务时，受访者中的56%表示最需要市场开拓方面的服务，16%表示最需要引进人才，12%表示最需要管理咨询方面的服务，4%表示最需要创业辅导，4%表示最需要金融服务，4%表示最需要技术转化方面的服务，2%表示最需要提供创业场所，1%表示最需要研发服务。

（四）对创业创新人才条件及影响因素的认识

1. 科研人员被认为最适合创业。

在问及哪个群体的人更适合创新创业时，受访者中的44%表示是科研人员，21%表示是退役军人，14%表示是高校毕业生，9%表示是农民工，6%表示是失业人员，6%表示其他。

2. 资金充足和选好项目被认为是影响创业成功的最重要因素。

在问及创新创业条件中最重要的因素是什么时，受访者中的34%认为是充足的资金，30%表示是选好行业和项目，12%表示是科研成果或专利，7%表示是有良好的社会公共服务，6%表示是工作经验和人际关系，6%表示是技术转化，4%表示是市场营销。

（五）对推动"大众创业、万众创新"迫切需要解决问题的认识

1. 创业政策激发了一定的创业热情。

在问及政府颁布的系列"大众创业、万众创新"政策是否激发了自己或周围人的创新创业热情时，受访者中的12%表示有，20%表示没有，40%表示说不清，28%表示没有。

2. 人才、融资和起步难问题被认为是当前推动"大众创业、万众创新"最迫切需要解决的问题。

在问及推动"大众创业、万众创新"当前最迫切需要解决什么问题时，受访者中的32%认为最迫切需要解决的是人才难找问题，22%认为是融资难、起步难问题，16%认为是创业发展环境不好的问题，13%认为是法律保障不够的问题，10%认为是市场恶性竞争严重的问题，6%认为是其他问题。

三、推动创业创新的若干建议

创造宽松良好的环境是促进创业创新的基本前提。这就要求政府转变职能，改变来自观念和体制性的束缚，扫清影响和阻碍民众创业、创新的阻力和障碍。

建立必要的法律法规制度是激励和保护创业创新的重要保证。这就需要建立一系列有利于创业创新的体制机制，制定各项扶持优惠政策，加快形成政府激励创业、社会支持创业、劳动者勇于创业的新机制。

培育和支持企业家脱颖而出是推动和引领创业创新的有效途径。从一定意义上说，企业家是一个国家或社会在经济发展中创业和创新的代名词和带头者。因此，创造一切可能的条件，大力培育和支持企业家队伍不断壮大，是推动和引领大众创业、万众创新的有效途径。

大力发展教育和科技事业是促进和保证创业创新的坚实基础。大众创业，教育先行；万众创新，文化先行。要想使大众创业和万众创新广泛而持续地开展，必须要以教育和科技的不断发展为坚实基础，切实推动专业与产业、教学过程与生产过程、人才培养标准与企业用人标准、课程学习与职业要求对接。

（课题组组长：郑绘）

杨鹏等

库区移民村发展对策研究

【摘要】在全面建成小康社会的时代背景下，精准扶贫工作全面展开，广西作为扶贫重点省份，其中相当一部分贫困人口属于库区移民贫困人口。本课题从我国库区移民历史研究出发，认真梳理了广西库区移民现状，分析广西库区移民的空间布局特征，并以广西大化瑶族自治县共和乡碧城村为例，通过梳理分析碧城村整体经济状况、贫困状况、致贫原因，并借鉴岐岗村、黄竹岗村和普安村三个库区移民村的发展经验和精准帮扶举措，得出启示，形成碧城村脱贫发展的对策建议。

【关键词】库区移民　贫困　精准帮扶

一、我国库区移民历程及现状研究

（一）库区移民的界定和发展

大规模的开发水利水电资源势必产生库区移民、库区移民村，其中，大中型水库因施工占地和水库淹没涉及面广因此产生移民人数多、搬迁安置任务重的问题。水库移民即水利工程移民，是居住地由于水利工程建设需要，必须根据政府安排搬迁到他处的群众，也叫库区移民。

（二）我国库区移民发展现状

1. 我国水库工程建设情况。

我国水力资源蕴藏量 6.76 亿千瓦，居世界第一位，其中可开发利用量为 3.79 亿千瓦，目前全国仅开发了可开发利用量的 10% 左右，开发潜力巨大。近年来，我国加大了水利设施建设及维护力度，水库数量和水库总容量不断增加，据最新的数据表明，截至 2014 年底，我国水库总数为 97735 座。

2. 我国水库工程移民现状研究。

我国是世界上库区移民人数最多的国家，至今已有超过 2300 多万人。按照不同标准，可对我国库区移民安置方式做多种划分。国家高度重视库区移民生活发展，对库区移民有一系列的法律、行政法规、法规性文件、部门规章和规范性文件、后期配套政策等措施。

（三）库区移民案例分析

1. 三门峡水库和东平湖水库移民研究。

三门峡水库移民 31.89 万人，东平湖水库移民 27.8 万人。这两座水库移民中大部分人属于就地后靠，少部分外迁安置。在这两个水库建设初期，由于经济发展困难，只对库区移民群众进行了短期生活安置，补偿标准较低，移民生活水平长期得不到提高。直到 20 世纪 80 年代中期，国家把库区纳入"老、少、边、穷"地区的治理范围，才逐步解决了移民安置遗留问题，库区移民生活、生产境况得到逐步改观。

2. 丹江口水库移民研究。

丹江口水库原有水库移民 38.2 万人，但在 2003 年，随着南水北调中线工程的启动，新增移民 22.4 万人。移民群众虽然得到了短期安置，但移民补偿标准较低，安置地土地资源稀缺，往往发展困难。1984 年以来，改变了原来的移民经费分配制度，变单纯生活救济为生产扶助，鼓励和引导移民群众种植柑橘、山楂、龙须草等生态种植，发展网箱养鱼、库汊养鱼等特色养殖，带动了移民群众生产生活的改善。

3. 三峡水库移民研究。

三峡水库建设共搬迁安置 113 万人，按照开发性移民的方针，把本地安置与异地安置、集中安置与分散安置、政府安置与自找门路安置相结合，库区 13 万多移民分别被安置到 11 个省市。将移民工程与枢纽工程同步论证、同步规划、同步建设，妥善解决了库区移民稳定发展问题。

二、广西库区移民现状及空间分析

（一）广西库区移民总体概况分析

广西是全国库区移民较多的省份之一，分布在广西 14 个市 111 个县（市、区），现有水库移民及涉及人口 570 多万人，占广西总人口的 8.91%，占广西农村人口的 14.58%。仅 2016 年广西大中型库区移民新村建设工程计划项目就有 598 个，计划投资 35000 万元，开工建设项目 523 个。广西实行开发性移民政策，遵循因地制宜、有利生产、方便生活、保护生态等安置原则，以农业生产为主的安置方式，配套使用前期补偿、补助与后期扶持相结合的办法。

（二）广西库区的空间分析研究

广西水利枢纽主要分布在珠江干流上，截至目前，广西共有水库移民461.69万人，约占全国水库移民总数的20.07％；其中，贵港、梧州、南宁、玉林、百色、柳州和河池等7个市水库移民人数均超过40万人，占到全区移民总人数的71.82％。

（三）广西库区移民发展面临的主要问题

广西水库移民面临的主要问题集中体现在产业扶持困难、移民新村建设滞后、发展基础薄弱等问题仍然没有得到有效解决。一是新村建设滞后，发展基础薄弱。部分移民新村道路、网络、通信、供电、供水等基础设施建设滞后。二是劳动技能较差，收入水平较低。三是社会治理落后，发展环境不优。移民搬迁过程中，发生偷盗、抢劫等问题的可能性增大。四是居住条件较差，生态环境欠佳。

三、碧城村经济发展现状与评价

（一）全村经济整体现状

1. 碧城村的形成。

碧城村成立于1994年，时值大化水电站、那马水库、百龙滩水电站等水利枢纽建设及扩容改造及部分大石山区生态移民工程的实施，将国有农场的土地划作碧城开发区来安置移民，碧城村因此成立。碧城村居民主要来自大化、巴马等县各乡镇，多数为水利建设移民和大石山区生态移民，另有少数为自发性搬迁移民。

2. 碧城村基本现状。

碧城村距离共和乡政府23公里，交通不便，产业发展所需的资金、技术、人才支撑均显不足。碧城村土地资源极为稀缺，种植业发展受到很大限制。同时，由于村子中耕地资源短缺、产业发展不足，村中的青壮年劳动力大多外出务工，碧城村孤寡老人、留守儿童现象较为严重。

3. 碧城村发展面临的问题。

碧城村发展主要面临以下问题。一是区位交通条件较差。二是村民整体文化程度偏低。碧城村成年村民受教育程度普遍偏低，绝大多数村民只有初中学历。三是医疗卫生条件落后。四是办学条件亟待提升。碧城村小学设施简陋，很多文化体育设施尚无配置，缺少大型操场。五是村民住房配置不足。碧城村住房建筑主要为东西或南北狭长的房屋，这类房屋通风、采光条件差，室内昏暗、潮湿。六是务工人员收入偏低。

4. 贫困户总体概况。

碧城村分 7 个小组，共有建档立卡贫困户 39 户，贫困人口 148 人，贫困发生率 18.81%，多数贫困户属于库区移民人口。其中，碧城村贫困户在一组、三组、五组和七组分布比较多，这四个小组贫困户占全村贫困户的 74.36%，贫困人口占全村贫困人口的 68.92%。

5. 碧城村典型贫困户分析。

碧城村贫困户大多具有典型意义。如因残致贫的韦家，家中有两个老人，有个儿子残疾，缺少人员照顾。因缺少劳动力致贫贫困户如一组的覃家，两位八十多岁的老人一起生活，房屋有裂缝，属于危房。

（二）碧城村致贫原因研究

从建档立卡的 39 户贫困户致贫原因来看，贫困户多属于多种原因致贫。一是土地资源稀缺，资金普遍缺乏。碧城村不具备发展种植业的基础条件，难以形成上规模、上档次的特色养殖。二是各类设施落后，发展基础薄弱。碧城村交通、医疗、教育条件较差，信息化建设滞后。三是因病因残因祸等原因，劳力供给不足。因残因病因祸致贫往往导致劳动能力丧失，部分贫困户为孤寡老人，家庭缺少劳力，缺少收入来源。四是就学压力较大，劳动技能较少。

四、地区经验借鉴

课题选取广东惠州市博罗县龙溪镇岐岗村和广西桂林市恭城瑶族自治县莲花镇黄竹岗村作为库区移民村发展经验借鉴，同时，选取三峡库区移民新村——湖北省兴山县峡口镇普安村作为精准帮扶措施借鉴，为探索碧城村发展路径提供借鉴。

（一）广东新丰江水库移民村——岐岗村发展经验借鉴

岐岗村农业发展基础较为薄弱，因此选择第二产业作为致富的主攻方向。该村通过借鉴借助经济发展收益，岐岗村修建了儿童娱乐设施、篮球场、超市等，极大地改善了村民生产生活条件；大力招商引资，实行村企共建，使村企中化工、教育、电子、化纤、五金及木材加工等行业初具规模；重视文化建设，建成广东第一个新丰江水库移民历史文化博物馆——新丰江移民历史文化展览馆。

（二）广西桂林市恭城县库区移民村——黄竹岗村发展经验借鉴

黄竹岗村村民充分利用了补助权利质押贷款与农户小额信用贷款、农户联保贷款等信贷，扩大种养规模，实现增产增收，目前黄竹岗新村已建成了蔬果大棚生产基地、毛竹生产基地、生态旅游茶园、生态月柿基地和水果批发市场等，形成了黄竹岗村特色的"水果立村、月柿为主、集体发展、多种经营"的发展模式，走上了富裕路。

（三）三峡库区移民村精准帮扶措施借鉴

结合当前精准扶贫工作，当地政府结合美丽乡村建设的要求，按照打造三峡库区第一批美丽移民村的发展方向，对普安村进行统一规划建设。全村积极依托精准帮扶建设平台，着重发展生态农业、观光农业，紧抓产业发展契机，重点开发昭君文化、高岚文化、神农溪景区等旅游文化资源，将普安村纳入兴山旅游发展圈，借助乡村旅游，带动三次产业发展，实现村民脱贫致富。

（四）上述库区移民新村发展经验启示

一是用好水库移民后期扶持政策措施。加大政策宣传力度，积极争取上级有关部门在资金、政策、技术等方面的扶持力度。二是用活有关库区移民的金融产品。增加移民群众利用金融产品的灵活性，扩大信贷规模。三是探索库区移民村产业发展模式。库区移民村应从三次产业中选择产业主要发展方向。四是积极改善库区移民村发展条件。改善对外交通，完善移民村电力设施、网络设施、人畜饮水设施建设。五是提高移民群众创业就业能力。加快提升库区移民村劳动技能、劳动素质，鼓励库区和安置区的移民群众自主创业。

五、碧城村脱贫对策研究

（一）深入了解实际，理清扶贫思路

深入开展碧城村调研工作，详细掌握碧城村区位交通、产业基础、集体经济、村民务工、家庭收入、村容村貌、资源优势等情况。找准碧城村发展定位，形成碧城村发展的主要方向。将培育特色产业、壮大集体经济作为带动贫困户脱贫致富的主要着力点，将改善交通条件，提高村民医疗、教育、社保水平作为重要努力方向。

（二）改善基础设施，增强发展能力

从交通设施上看，应强化通村道路维护。从网络设施上看，改善全村网络设施条件，尽早实现全村网络全覆盖。在教育设施上，加快购进桌椅、黑板、运动器材、多媒体设备等教学设备，提高教师办公条件。在医疗卫生上，加快实现碧城村医生驻村，改善医疗人员待遇条件，丰富村卫生室常备药物，购置必要的医疗器材。在灌溉设施上，重点扶持发展小型农田水利工程。在饮水设施上，建立日常饮水安全隐患排查制度，做好日常管道设施维护工作。

（三）用好金融政策，扩大小额信贷

密切联系当地农村信用社和邮政储蓄银行，鼓励贫困户开展个人小额信贷。积极利用国家涉农金融扶持资金政策，形成金融合力，不断增强金融扶持产业发展的实力。申请特色种养合作社产业发展金融产品支持，用好金融机构有关水库移民贷款业务。用好大型农机具抵押、动产质押、应收账单质押、土地承包权抵押、林权抵押贷款等新型金融机构信贷产品，提高信贷的成功率。

（四）依托资源优势，发展特色产业

发展特色生态鱼类、鸭、鹅等养殖，建设生态有机鱼类、禽类养殖基地。成立养羊专业合作社，发展生态养殖，按照圈养方式，推动养殖标准化、专业化、生态化。依托碧城村良好的生态条件，积极发展林下养鸡等立体农业，提高生态资源的利用效率。发展乡村旅游，支持有条件的家庭参与农家乐、垂钓等形式的乡村休闲旅游项目。

（五）开展技能培训，增强就业能力

积极健全碧城村就业培训制度，合理划分短期型和长期型、应用型和技能型培训内容，结合碧城村群众需求，合理安排培训时间、地点、内容等。建立适龄村民劳动技能培训名单，在当地政府的支持下，选择农闲时节、外出务工返乡时节，开展"劳动明白人"培训、技能培训和职业教育。注重碧城村群众的文化培训，挖掘文化能人、民间艺人，把民间艺术形式植入碧城村。

（六）借力"互联网＋"，发展农村电商

培训村民学会开网店、做微商，结合当前"互联网＋"农业发展趋势和电商扶贫的工作思路，争取将碧城村生态资源优势转化成经济优势，带动更多贫困户脱贫发展。加快建设碧城村电子商务库房，以收购、仓储相应的农产品。建设碧城村微商宣传平台，用以加强产品宣传力度，拓宽产品销路。积极建设农村物流设施，建立碧城村电商服务站。

（七）加强"两委"建设，创新社会管理

抓好村"两委"干部培训工作，加强"两委"干部在带动贫困户脱贫的能力建设，制定"两委"干部能力提升实施办法，挑选一批思想素质好、政策水平高、业务能力强、群众工作经验丰富的村委干部、党员同志、积极群众等组成贫困户帮扶工作组，担负起帮扶贫困群众日常生活的任务。创新村务民主管理，促进村务决策的科学化、合理化和民主化，使村民的不同意见得到充分表达，改善党群关系与干群关系。

（八）维护生态环境，优化村容村貌

从农业专业合作社经营利润中拿出部分资金用以添置、更换公共设施，优化村庄环境，改善村容村貌。规划在道路两旁种植当地特色植被，打造道路沿线景观。对村民生活垃圾进行集中处理，选派固定的村民从事打扫、清理等工作。引进一批珍贵植被，打造山美、水美、生态美的自然景观。提高村民环保意识，对恶意破坏环境的人员进行处罚。

（课题组组长：杨鹏。课题组成员：陈禹静、覃娟、张梦飞、袁珈玲、吴坚、尚毛毛、曹剑飞、刘波、凌云志、吴碧波、宁常郁、张梦缘、文成业）

广西农村劳动力外出务工问题调查研究

——以广西在粤农民工情况调查为例

【摘要】 根据自治区人社厅和统计局发布的《2015 年度广西人力资源和社会保障事业发展统计公报》显示，2015 年广西农民工总量达到 1225 万人，占户籍总人口的比重高达 22％，其中在粤农民工总量为 647.9 万人，占到广西农民工总量的 53％。为了解和掌握广西农村劳动力外出务工问题，进一步稳定农民工的就业和增加农民工的收入，增强农民工相关工作的针对性，本文选取在广东省务工的桂籍农民工作为调研对象进行了一次问卷调查。

【关键词】 广西　农村劳动力　外出务工

一、广西在粤农民工的基本情况

本文选取广西在粤农民工务工地域主要集中的广州、中山、佛山、东莞、珠海、深圳、惠州等市，共发放调查问卷 700 份，收回 665 份，主要调研在粤桂籍农民工的人员构成、婚姻家庭、工作收入、权益保障、生活以及未来打算情况。

（一）人员构成情况

1. 性别以男性居多。男性占 54.44％，女性占 45.56％，男性比女性多出 8.88％。

2. 年龄以青壮年为主。21～25 岁占 31.43％，26～30 岁占 14.89％，31～40 岁占 21.95％。新生代农民工已经成为在粤农民工的主流，"80后""90 后"农民工所占比例超过八成。

3. 受教育程度偏低。初中及以下文化程度占 42.71％，中专文化占 32.33％。超过四分之三的在粤农民工文化水平在中专以下，其中高达四成的农民工文化水平在初中及以下，文化水平总体偏低。教育程度往往会限制农民工的职业选择，从而影响着他们的收入水平和生活状况。

4. 外出前参加技能培训偏少，已参加的占 44.96％。文化程度低，又不具备专业技能，成为在粤农民工就业的瓶颈。城市中适合他们的岗位大多是劳动密集型工作，主要以出卖自己的体力劳动来赚取收入。从事简单体力劳动对其职业生涯的积累和发展也不会有很大的帮助，再加上没有相关的技能培训，他们只能被固定在低水平的岗位上，生活状况也无法得到改善，从而影响他们对城市生活的适应。

（二）婚姻家庭情况

1. 婚姻状况，未婚与已婚基本持平。未婚占 52.33％，已婚无子女占 13.23％，已婚有子女占 34.44％。青壮年，尤其是青年农民工的婚姻问题是值得关注的大问题。

2. 家庭成员状况，留守妇女儿童居多。在已婚的赴粤务工人员家庭中，夫妻在一起务工占 24.29％，夫妻在不同地方务工占 11.36％，子女和妻子在农村留守占 64.35％。

3. 父母现状，大多居住在农村。在赴粤务工的桂籍农民工家中，有 56.84％的务工者的父母留在农村，其中大多是空巢老人。让父母好好养老，是很多在粤农民工的心愿。但由于工作原因子女回家次数偏少，直接导致留守老人心灵孤独以及老人生病时无人照顾等一系列问题，这些问题也影响着在粤农民工务工的稳定性。

（三）工作及收入情况

1. 到广东务工的方式，以自主外出为主。通过政府部门有组织转移占 11.13％，提供信息等服务引导转移占 43.46％，通过亲友介绍或自发性按劳动力本身意图转移占 45.41％。政府在农民工外出务工中发挥了主导作用，一部分农民外出务工是通过政府组织的招聘会或者提供的就业信息实现的，也有部分农民工外出务工是通过政府组织的第一批外出广东务工农民工回乡后通过"传、帮、带"之后实现的。

2. 在广东务工时间。近四分之一的农民工外出务工时间不足 1 年，近三成的农民工外出务工时间在 1～3 年之间。

3. 从事行业以制造业为主。在粤农民工从事行业以制造业为主，占比超过了一半。居民服务和其他服务业占比近三成。

4. 从事工作单位性质以民营企业居多。在粤农民工从事工作单位性质以民营企业居多，比例超过六成。有一成左右的人在国有企业就业，有一成左右的人在中外合作或合资企业就业，少数人在外商独资企业就业。

5. 从事职业工种以普工居多。拥有基本的技能，在生产线上能做一些技术要求不高的岗位的员工，即普工占比最多，接近六成。大约6个人中有1个是技术人员，技术人员占比偏低。大约12个人中有1个是管理人员，占比较低，个体户或企业老板仅是个别现象。

6. 工作时间长，休息时间少。约四分之一的农民工工作时间在法定的8小时之内，约二分之一的农民工工作时间在8～10小时，约四分之一的农民工工作时间超过了10小时，说明农民工加班现象普遍存在。在每周休息天数方面，近三成的农民工每周休息天数为1天，近一半的农民工每周休息天数不确定。

7. 加班以单位安排为主。约三分之二的情况下，加班是由单位自主确定的，事先与工作人员商量或工会协商加班的比例不足二成，说明农民工加班与否往往由不得自己决定，劳动权益方面监管欠缺。同时也约有六分之一的农民工主动要求加班，这部分基本都是牺牲工作时间，增加收入的考虑。

8. 月工资收入偏低，结余少。约一半的农民工月工资水平在4000元以下。扣除各项开支，约四分之一的农民工平均每月结余不足500元，一半的农民工不足1000元，仅六分之一的农民工月结余在2000元以上，表明当前阶段在粤农民工的总体情况属于月工资收入偏低，结余少。

9. 进城后变换单位的较多，就业不稳定。约三分之一的农民工没更换过工作，约三分之一的农民工更换过1～2次工作，这一方面说明外出务工的农民工工作性质比较稳定，另一方面也说明了因劳动技能和信息等方面的欠缺，导致劳动力的流动性不强。

（四）权益保障情况

1. 劳动合同签订率低，缺乏保障意识。签订3年以上劳动合同的仅占八分之一，绝大多数签订短期劳动合同或没有签订合同。劳动合同签订率低，往往是因为农民工缺乏劳动保障意识，这可影响到工作的稳定性。

2. 参加社会保险偏低。六成的农民工参加了医疗保险，五成左右的农民工参加了养老保险和工伤保险，近三成的农民工参加了失业保险，大约有一成的农民工没有参加任何保险。农民工参加社会保险比例较低，社保制度亟待改善。

3. 权益保障没有得到很好保护。农民工的权益保障没有得到很好保护，尤其是高达四成的农民工存在同工不同酬或没有基本劳动保障的现象。

（五）生活情况

1. 住房状况以租房为主。住宿以单位提供宿舍和自己租房为主，仅个别人能够自己买房，住房条件需进一步改善。

2. 闲暇时间消遣方式以上网和看电视为主。闲暇时间消遣方式以看电视和电影消磨时间最多，占比约三分之一，其次是上网和打牌等。没有闲暇时间的比例也占到了一成多，农民工的休暇方式需进一步丰富和充实。

（六）未来打算情况

1. 对未来生活打算不明确。近三成的农民工选择了终归要回老家，约两成的农民工选择了长期留在城市和维持往返城市与老家之间的现状，这表明当前阶段广西在粤农民工对未来生活打算还不明确。

2. 有返乡就业创业打算居多。存在返乡创业打算的农民工比无返乡创业计划的人数少，与返乡就业的情况相反，从侧面说明了创业存在一定的难度和门槛。同时有三分之一左右的农民工想先积累些经验和资金，然后再返乡创业。

3. 广西内企业吸引返乡就业的工资待遇要求不高，月工资在2000～4000元的岗位超过一半。

4. 返乡就业创业地点大多选择在家乡的县城和乡镇。在家乡附近的大城市占44.36%，在家乡的县城或乡镇占39.85%，返乡就业创业地点大多选择在家乡的县城和乡镇。

5. 希望政府给予提供返乡创业扶持。创业能力培训占33.23%，贷款占34.89%，税收、收费方面的优惠占16.24%，设立创业园区提供场地占15.64%，希望政府给予提供返乡创业扶持。

二、广西在粤农民工存在的问题

（一）文化水平偏低

一是文化程度低。从受教育的程度来看，广西在粤农民工文化程度较低，以具有初中和小学文化程度的人为主体。二是技术素质低。文化水平低严重制约了在粤农民工就业层次的提高，大部分人只能在劳动密集型产业生产线就业，很难进入较高层次的产业，影响了工资收入，而且从长远看，随着经济发展水平的提高和高新技术产业的兴起，低素质劳动力的就业领域会越来越窄。

（二）缺乏参加职业技能培训机会

虽然广东省将异地务工人员纳入职业技能培训补贴政策范围，但受到经费限制，工作宣传力度不大等因素影响，广西在粤农民工对职业技能培训的政策知之甚少，同时大部分企业仍存在"重用轻养"的观念，不提供农民工参加职业技能培训的机会，进而影响了广西农民工整体素质的提升和职业的晋升。

（三）缺乏劳动权益保障

多年来，经过桂粤各级党委、政府共同努力，广西在粤农民工的劳动权益状况有所改善，但是仍普遍面临着劳动合同签订率低、欠薪时有发生、工作时间长、劳动强度大、工作条件有待改善、社会保险参保率低等问题，损害了在粤农民工的合法权益。广西有部分农民工是通过政府组织的第一批外出广东务工农民工回乡后通过"传、帮、带"之后转移到广东务工的，这导致这部分农民工比较难找到满意和有保障的工作，工作之后劳务纠纷多，也造成农民工的工作稳定性不强。

（四）社会保障制度不完善

一是尚未实现异地就医结算，报销难问题仍然存在；二是在粤农民工普遍存在既在当地参加城镇职工养老保险又在农村参加新型农村养老保险的双重参保问题；三是部分企业在工人缴纳养老保险即将到达 15 年之际，中止合同，严重损害了农民工的合法权益。

（五）随迁子女上学负担重

近年来，广东省各级政府为农民工随迁子女接受义务教育出台了一些政策，做了不少工作。但是，由于广东外来人口众多，城市教育资源有限，无法满足农民工随迁子女入读公办学校的需求，大部分只能入读私立学校，年缴纳的费用在 6000～10000 元之间，农民工负担比较重，靠务工收入难以支撑。

（六）居住、生活还存在诸多困难

在粤农民工大多数住在用人单位拥挤的集体宿舍，部分人员为减少开支合伙在偏僻小区或农村的出租屋租住，卫生、安全等方面均存在着隐患。由于长期远离家乡，业余生活贫乏，缺乏认同感和归属感，他们的精神文化需求还远远得不到满足。

三、做好广西在粤农民工工作的对策

（一）稳定在粤务工人员就业

一是要加大对农村富余劳动力开展职业技能培训的力度，增强就业竞争力。二是大力发展职业教育和劳动预备制培训，将未升入普通高中、高等院校的农村应届初高中毕业生全部纳入职业教育，从源头上提高务工人员技能水平和综合素质。

（二）建立健全公共就业服务体系

加强基层公共就业服务平台建设，加快全区公共就业服务信息网络建设，在完成自治区、市、县（市、区）、乡镇（街道）四级联通的基础上，逐步将网络延伸至重点行政村（社区）就业服务平台，为农民工提供零距离的一站式服务，实现就业服务工作全程信息化、标准化、精细化，为农村劳动力转移就业提供及时有效服务，提高劳务输出的组织化程度，切实保障农民工合法权益。

（三）维护在粤务工人员的劳动保障权益

加强农民工维权合作，建立劳动保障案件协查机制，建立工会异地双向维权机制，多渠道保障在粤农民工合法权益。

（四）推动完善社会保障政策

要推动在国家层面上加快建立全国统筹的养老保险制度，实现异地缴费、异地退休；进一步建立两地基本医疗保险定点医疗机构互认制度、参保人员异地就医基本医疗保险服务协管制度和异地医疗费用结算制度；加强信息网络建设，做到社会保障信息共享。

（五）推动在粤务工人员享受基本公共服务，积极促进在粤务工人员与社会融合

进一步完善户籍政策，有序引导符合条件的务工人员在城市落户。将务工人员随迁子女义务教育纳入公共教育服务体系，确保随迁子女平等接受教育。积极落实符合条件的务工人员纳入住房保障体系的政策，多渠道多方式改善务工人员居住条件。加强务工人员医疗卫生和计划生育服务，加强疾病预防控制。推进各级图书馆、文化馆等公共文化服务阵地免费向异地务工人员开放，积极培育企业文艺团队，开展丰富多彩的适合异地务工人员特点和需求的文体活动。

（六）大力发展县域经济，为农民工返乡就近就地就业提供条件

要全面落实"双核驱动"、北部湾经济区同城化、新型工业化城镇化

跨越发展等一系列重大部署，实施大县城战略，深化扩权强县和乡镇行政管理体制改革，大力发展县域经济和小城镇经济，进一步增加就业岗位，促进返乡农民工就近就地转移就业。

（七）加强创业服务，引导在粤务工人员返乡创业

要积极落实农民工创业财税、金融、土地等扶持政策，成立创业指导中心，加强创业服务、风险意识指导，引导"五有"即有技能、有资金、有营销意识、有办厂能力和对农村有感情的在粤农民工返乡创业，推动广西经济发展。

（八）加强协作，共同做好"三留守"人员服务工作

公安部门要加强农村社会治安的监管，确保农村社会的稳定；教育部门要推进义务教育均衡，继续加大寄宿制学校的建设，满足留守儿童入学；民政部门要统筹考虑农村养老设施建设，满足留守老人的养老需求；工青妇继续深入开展关爱农民工、关爱留守儿童行动；各县、乡镇要指导村（居）委成立生产互助小组，在农忙时节帮助外出务工人员家庭解决生产生活困难。

（课题组组长：邵雷鹏。课题组成员：陈洁莲、毛艳、柯丽菲、周可达、伍丹、邓莉莉、任旭彬、曹玉娟、梁艳鸿、梁臣、程启原、宁常郁、冼奕、吴晓莹、唐平）

全面深化财政科研改革背景下
课题资金监管研究

【摘要】 结合当前我国的发展形势,在全面深化财政科研改革背景下,立足我国经济社会发展和科技创新实际,坚持遵循规律、改革创新、公平公正、规范高效的基本原则,通过加强科研项目分类管理、改进科研项目管理流程、改进科研项目资金管理、完善科研项目和资金监管机制等措施手段进一步加强课题资金监管,激发科研人员工作热情和积极性,最大限度提高财政资金使用效率。

【关键词】 科研改革 经费使用 资金监管

一、全面深化财政科研改革概况

(一)全面深化财政科研改革的背景认识

为贯彻落实中央关于深化改革创新、形成充满活力的科技管理和运行机制的要求,2016年7月,中共中央办公厅、国务院办公厅印发《关于进一步完善中央财政科研项目资金管理等政策的若干意见》,旨在通过进一步简政放权、放管结合、优化服务、强化落实,改革和创新科研经费使用和管理方式,促进形成充满活力的科技管理和运行机制,更好地激发广大科研人员的积极性和创造性。这些文件的出台,构成和全面深化财政科研改革的框架体系,决定了全面深化财政科研改革的基本思路和总体要求。

1. 全面深化财政科研改革的基本思路。

结合当前我国的发展形势,全面深化财政科研改革准确把握了全球科技和产业变革趋势,立足我国经济社会发展和科技创新实际,坚持遵循规律、改革创新、公平公正、规范高效的基本原则,不断增强国家经济社会发展重大需求,基础前沿研究、战略高技术研究、社会公益研究和重大共性关键技术研究,实现财政资金使用效益明显提升,科研人员的积极性和创造性充分发挥，为实施创新驱动发展战略提供有力保障。

2. 全面深化财政科研改革的主要原则。

坚持价值导向。明确分配导向，完善分配机制，使科研人员收入与其创造的科学价值、经济价值、社会价值紧密联系。

实行分类施策。实行有针对性的分配政策，统筹宏观调控和定向施策，探索知识价值实现的有效方式。

激励约束并重。健全中长期考核评价机制，突出业绩贡献。合理调控不同地区、同一地区不同类型单位收入水平差距。

3. 全面深化财政科研改革的主要内容。

（1）加强科研项目分类管理。对科研项目采取分类管理是对科研活动进行有效监管的前提和基础工作。

（2）改进科研项目管理流程。改进科研项目管理流程具体的措施包括：一是改革项目指南制定和发布机制，扩大项目指南编制工作的参与范围。二是规范项目立项，要求项目申请单位认真组织项目申报，根据科研工作实际需要选择项目合作单位。三是明确项目过程管理职责，项目主管部门要健全服务机制。四是加强项目验收和结题审查。

（3）改进科研项目资金管理。科研项目资金管理活动，是科研管理工作的重中之重。对科研项目资金的管理，一是规范项目预算编制和管理。二是规范和完善资金使用流程。三是完善间接费用和管理费用管理。四是完善单位预算管理办法。

（4）完善科研项目和资金监管机制。为确保科研资金的正常开支及合理使用，充分发挥财政科研资金应有的作用，就要求不断地完善科研项目和资金开支使用的监管机制。完善科研项目和资金监管，一是强化科研项目和资金的监管力度。二是完善科研信用管理。三是加强科研项目相关配套制度建设。四是加大对违规行为的惩罚力度。

（二）全面深化财政科研改革的重要意义

1. 全面深化财政科研改革是深化科技体制改革、实现创新驱动发展的重要抓手。

目前，我国经济正处于增长速度换挡期、结构调整阵痛期叠加的阶段，面临着跨越"中等收入陷阱"的严峻考验，发展中不平衡、不协调、不可持续问题依然突出。在这种背景下，迫切需要依靠科技创新转变经济发展方式，提升发展质量和效益。

2. 全面深化财政科研改革是构建现代财政制度、深化财税体制改革的重要内容。

财政科研项目资金是财政资金的重要组成部分，深化其管理改革的总体目标就是要建立适应科技创新规律、统筹协调、职责清晰、科学规范、公开透明、监管有力的管理机制，这也与建立现代财政制度的要求相适应和衔接。

3. 全面深化财政科研改革是创新科研资金使用和管理方式、激发科研人员积极性的重要任务。

科研资金的使用和管理，是对用于科研活动的费用进行科学、合理的使用，以确保在一定经费范围内能调动科研人员开展科研活动，获得知识产出并用于指导生产实践，实现"科学是第一生产力"。为此，财政科研改革的重要任务，就是对科研资金的使用和管理进行创新，切实提高资金的使用效率，争取更大的知识产出。

4. 全面深化财政科研改革是改进政府科技管理、提升财政科技资金使用效率的重要工作。

提高政府科技管理水平，需要按照国家的战略部署和现代科技事业发展变化规律，深化科技体制改革，切实转变政府职能，改革和创新管理方式，完善管理制度，实现管理的科学化和规范化。科研项目和资金管理是科技管理工作的重要内容，对科研项目和资金管理全过程进行系统化改革，是改进政府科技管理，提高政府管理效率和水平，推进国家治理体系和治理能力现代化的题中应有之义。

二、全面深化财政科研改革与课题资金监管

（一）全面深化财政科研改革对课题资金监管提出的新要求

1. 形成充满活力的科技管理和运行机制。

改革科技管理和运行机制，体现为改进课题项目过程管理，规范课题项目实施。主要包括：一是完善课题项目立项制度；二是明确课题项目过程管理职责，项目主管部门要负责项目实施进度，规范科技经费管理和使用；三是改革科研项目验收管理制度，根据不同类型课题，可采取同行评议、第三方评议估、用户测评、研发目标实现程度对比等方式进行验收；四是建立信息报送制度，课题项目的管理部门要研究制定信息报送的标准和规范。

2. 最大限度地发挥财政科技资金使用效率。

提高资金使用效益，更好地发挥财政科技经费在引导和促进科技创新发展中的作用，必须围绕增强区域自主创新能力的主线，加强管理，合理配置资源。

3. 更好地激发广大科研人员的积极性和创造性。

科研人员是开展科研工作的主体，也是推动科技进步和推进创新发展的最终力量。深化财政科研改革，充分发挥财政资金的作用以体制机制改革激发科技创新活力，是时代赋予的使命，这就要求推进科技领域简政放权、放管结合、优化服务改革，在选人用人、成果处置、薪酬分配等方面，给科研院所开展科研更大自主权。

（二）全面深化财政科研改革背景下课题资金监管的基本原则

1. 坚持遵循全面深化改革的精神。

坚持遵循全面深化改革精神，就是要把握全球科技和产业变革趋势，立足我国经济社会发展和科技创新实际，遵循科学研究、技术创新和成果转化规律。

2. 坚持以人为本。

坚持以人为本的原则，就是以广大科研人员为根本，以调动科研人员积极性和创造性为出发点和落脚点，强化激励机制，加大激励力度。

3. 坚持"放管服"相结合。

进一步简政放权，下放预算调剂权以及差旅会议、基本建设、科研仪器设备采购等方面管理权限，同时强调放管结合，加强事中事后监管，提升管理服务水平。

（三）全面深化财政科研改革背景下课题资金监管的"新亮点"

1. 简政放权与放管结合。

财政科研改革的一大亮点，就是坚持简政放权，扩大了科研院所的管理权限。一是扩大中央财政科研项目资金管理权限，主要包括：一是扩大了项目预算调剂自主权；二是下放了差旅会议管理权限；三是完善科研院所科研仪器设备采用管理，科研院所可自行采购科研仪器设备、自行选择科研仪器设备评审专家，同时要切实做好设备采购的监督管理；四是完善科研院所基本项目建设管理。

2. 优化服务与强化落实。

全面深化财政科研改革对科研单位和职能管理部门提出了改进服务的

要求。一是要在检查评审上"做减法"，减轻单位和科研人员负担；二是在服务方式上"做加法"，为科研人员潜心从事科研营造良好环境。

3. 基本建设与科技管理。

在全面深化财政科研改革的要求下，将科研单位和科研院所的基本建设和科技管理有效地结合起来，在完成基本建设的同时进一步完善和改进科技管理，实现科研院所的"软实力"与"硬升级"的双向驱动发展。

三、全面深化财政科研改革背景下课题资金监管的重点及难点

（一）全面深化科研项目和课题资金监管改革的重要举措

1. 着力健全技术创新市场导向机制。

全面深化科研改革也据此对科研项目管理做出了部署，强调市场导向类项目要突出企业主体。主要采用"后补助"及间接投入等方式，支持政府引导企业开展的科研项目，形成主要由市场决定技术创新项目和资金分配、评价成果的机制以及企业主导项目组织实施的机制。

2. 着力完善政府对公共科技活动的支持机制。

政府和财政部门应合理区分公共性层次，完善对涉及不同类型公共科技活动的科研项目的分类支持机制。对于基础、前沿类科研项目，要体现对优秀人才和团队给予持续支持，加大对青年科研人员的支持；对于事关国家战略需求和长远发展的重大科研项目，要聚焦支持重点，集中力量办大事。

3. 着力构建公正公开、规范高效的管理机制。

坚持科学规范公开，明确科研项目、资金管理和执行各方的职责，突出强化项目承担单位的法人责任，规范项目预算编制，科学界定支出范围，及时拨付项目资金，强化科研项目和资金管理信息公开，着力营造规范高效公平的良好环境。

（二）全面深化科研项目和课题资金监管改革的具体措施

1. 简化预算编制科目，下放调剂权限。

实际上，结合当前财政科研改革，尤其是课题资金监管的改革，在管理上要求：一是严格财政经费支出管理。二是结合财政科研项目经费改革，改进项目资金结算方式。三是改进项目结转结余资金管理办法，明确规定项目在研期间，年度剩余资金可以结转下一年度继续使用。项目任务目标完成并通过验收，且承担单位信用评价好的，项目结余资金按规定在

一定期限内由单位统筹安排用于科研活动的直接指出，并将使用情况报项目主管部门。

2. 提高间接费用比重，加大绩效激励力度。

财政科研改革背景下课题资金监管的一个重大转变就是给科研人员施行"松绑＋激励"的政策措施，其中一项重要内容就是提高间接费用的比重，加大绩效激励力度，取消了绩效支出比例限制。当前，中央财政科技计划（专项、基金等）中实行公开竞争方式的研发类项目，均要设立间接费用，主要用于项目承担单位的成本耗费和对科研人员的绩效激励。

3. 明确劳务费开支范围和标准。

财政科研改革下，课题资金管理中明确了劳务费的开支范围和标准。重申劳务费不设比例限制，明确参与项目研究的研究生、博士后、访问学者以及项目聘用的研究人员、科研辅助人员等，均可开支劳务费。同时，明确了项目聘用人员的劳务费开支标准，即参照当地科学研究和技术服务业从业人员平均工资水平，根据其在项目研究中承担的工作任务确定。

4. 改进结转结余资金留用处理方式。

科研项目实施期间，年度剩余资金可以结转下年继续使用。项目完成任务目标并通过验收后，结余资金按规定留归项目承担单位使用，在2年内可统筹安排用于科研活动的直接支出；另一种情况，是结余资金在2年后仍未使用完的，按相关的规定收回。

5. 自主规范管理横向经费。

针对之前科研项目横向经费管理存在的管理不善、资金支出使用监管不力等问题，财政科研改革对横向经费也做出了相应的改革。项目承担单位以市场委托方式取得的横向经费，由单位按照委托方的要求或合同约定管理使用，有效解决一些科研人员反映的横向经费"纵向化"管理问题。

四、全面深化财政科研改革背景下优化课题资金监管的政策建议

基于全面深化财政科研改革背景下，要想优化课题资金监管，可以从以下几个方面进行完善：

（一）深化课题资金监管的改革

1. 优化投入结构，支持提升科技创新能力。

保障科技重大专项顺利实施，以科技发展的局部跃升带动生产力的跨

越发展；支持《科技规划纲要》部署的重点领域和前沿技术，全面提升科技支撑能力；大力支持基础研究，为科技创新提供源头动力；建立对科研机构和公益性行业科研的稳定支持机制，努力为科研人员潜心研究创造良好环境。

2. 创新投入管理机制，构建符合科研活动规律和财政预算管理要求的经费管理新机制。

探索实施科研项目经费后补助方式，鼓励和引导企业按照国家战略和市场需求先行投入开展研发项目，促进企业成为技术创新主体；综合运用风险投资、贷款风险补偿、绩效奖励等方式推动企业技术创新和科技成果转移转化；改革事业单位科技成果使用、处置、收益管理，健全知识、技术等由要素市场决定的报酬机制，调动单位和科技人员转化科技成果的积极性。

3. 完善统筹协调机制，优化科技资源配置。

探索开展中央财政科技专项优化整合工作，推动构建科学合理的科技专项体系；支持国家科技基础条件平台建设和运行发展，推动科技资源战略重组、系统优化和开放共享；支持现代农业产业技术体系建设，将全国优势农业科技资源按照产业链整合布局开展产业技术研发和试验示范，探索农业科技资源配置的新模式；建立健全科研项目立项和仪器设备购置查重协调机制，防止重复部署。

4. 推进绩效管理，提高资金使用效益。

对科研课题开展综合绩效评估，研究建立科研机构绩效拨款制度，在课题资金的使用上建立与绩效评价结果挂钩的分类分档支持机制，完善科研机构绩效管理机制。建立绩效考评数据库，对课题的立项、实施、验收、成果等信息进行及时地收集分析，为开展课题绩效评价提供完备翔实的权威数据支撑。建立科研课题绩效考评信息反馈机制和绩效报告公开制度，及时反馈考评结果和被考评对象的信息，对发现的问题，在一定范围内公开。

（二）完善课题资金监管配套机制体系

1. 建立健全科研财务助理制度。

要建立健全科研财务助理制度，为科研人员在项目预算编制和调剂、经费支出、财务决算和验收等具体财务事务方面提供专业化服务，协助科研人员管理好课题资金的使用，着力破解"把科研人员逼成会计"的尴尬局面。科研财务助理所需费用可由课题承担单位根据情况通过课题项目资金等渠道解决。

2. 建立课题资金绩效评价和管理情况的检查、审计、监督长效机制。

各有关部门要加大对所属单位的财务监管力度，将课题资金作为本部门经费监管工作的重要内容，通过审计、专项检查、绩效考评等手段及时了解和监督课题资金使用情况。科研单位课题资金管理和使用情况，要自觉接受国家财政、审计、监察部门和全国社科规划办的监督检查。

3. 建立课题资金使用和管理的承诺机制。

科研单位应当承诺依法履行课题资金管理的职责，课题负责人应当承诺提供真实的项目信息，并认真遵守课题资金管理的有关规定。建立分级管理和责任追究制度，科研单位和课题负责人对提供虚假信息导致的后果承担责任，各司其职、各尽其责，提高课题资金的使用和管理水平。

4. 建立课题资金使用和管理的信用机制。

吸收西方国家运用制度强化信用观念的做法，坚持激励与约束并重，增强契约条款和规章制度对科研课题信用主体行为的约束，应加快科研课题信用体系的建设，建立机构和个人信用信息征集体系、信用市场监督管理体系和失信惩戒制度，包括制定科研课题负责人资格信用规范、科研课题评估评审资料信用规范、科研课题任务合同信用规范、科研课题评价者的信用规范等。

（三）创新课题资金监管方式

1. 建立健全开放共享的信息化平台。

建设具有开放、共享、交互、协作的信息化平台，是实现信息与知识共享的重要渠道。应充分利用信息化手段，建立健全科研单位内部科研、财务、课题负责人开放共享的信息平台，提高科研管理效率和便利化程度。科研项目申报、立项、执行和评价的信息，凡不需保密的都应及时公开，接受广大民众的监督。

2. 利用课题全过程动态管理系统对资金进行监管。

充分运用现代化的信息管理工具和手段，建立课题全过程动态管理系统。科研、财务、资产管理、审计等机构和课题负责人均可利用该系统，实现课题资金信息共享，并通过该系统相互监督。

3. 制定完善符合科研实际需要的财务流程。

根据《中华人民共和国会计法》《会计基础工作规范》《项目资金管理办法》《内部控制制度》等有关规定，结合科研单位实际情况，制定和完善符合科研实际需要的财务流程，真正地做到用制度管钱，用制度管人，按制度办事。

（课题组组长：蒋斌。课题组成员：张慧、马静、唐卉、黄丹娜、莫朝荣、杨鸣、黄红星、解桂海）

扶贫开发篇

2016 年度广西社会科学院科研成果选编

卞克文等

广西扶贫开发历程研究

【摘要】 本研究本着论从史出原则，对广西扶贫开发的光辉历程作了一系统的梳理，共分为五个历史阶段，对每一个阶段的扶贫开发工作细致分析。通过对扶贫开发历程的研究，从中概括出广西扶贫开发的成功经验与存在的不足，为今后的扶贫开发提供借鉴，并结合国内外的反贫困理论提出对策建议。

【关键词】 广西　扶贫开发　历程

一、广西扶贫开发的历史背景

（一）改革开放前广西农村贫困的基本概况

广西是一个少数民族人口最多的省份。由于地理环境、社会历史、国家政策和20世纪70年代末到90年代的南疆战事等多种原因，广西的贫困问题一直比较严重。到20世纪80年代初，还有相当部分贫困群众没有解决温饱问题。不少地方群众饮水难、行路难、用电难、看病难、上学难，一度是贫困人口比较集中的省份，消除贫困任务非常艰巨。尤其是在广大石山地区，长期以来基础设施严重落后，贫困群众的生产生活条件十分恶劣，教育、卫生发展水平低下，文盲、半文盲比例很高，极大地制约了广西经济社会的和谐发展。1978年，广西全区农村未解决温饱人口为2100万，贫困人口占总人口的比例为70%左右。广西辖区内的28个国定贫困县农民人均纯收入仅100元左右，年人均产粮不足200公斤。总之，在改革开放前广西农村贫困的现象非常普遍。

（二）农村体制改革为扶贫开发奠定基础（1979—1985年）

1978年底，党的十一届三中全会对新中国成立以来经济社会发展的经验教训进行了总结和反思，就此掀开了波澜壮阔的改革开放序幕。农村经济体制改革最先突破展开，解散人民公社，实行家庭联产承包责任制，解放生产力极大调动了农民生产的积极性。1979年9月，党的十一届四中全会通过的《中共中央关于加快农业发展若干问题的决定》第一次明确提出中国存在较大规模的贫困人口。1978—1985 年这一时期是广西农民收入增长最快的时期，也是广西农村贫困人口下降最快的时期，贫困人口减少了一半。

二、广西扶贫开发的历史进程

改革开放后，广西一直致力于发展生产、消除贫困的工作。但真正严格意义上的扶贫开发，是在 1986 年以后提出并大规模实施的。

广西是全国贫困人口较多的省区，针对广西的贫困状况，自治区党委、自治区政府始终高度重视农村贫困问题，把扶贫开发工作列为关系改革开放、经济发展和稳定社会的重大事项。改革开放以后，特别是在成立专门的扶贫办以来，各级党委、政府从贫困群众最关心的切身利益入手，把缓解和摆脱贫困，作为全面建设小康社会最终实现共同富裕的扶贫开发的基本方针，扎实推进扶贫开发工作。历经 30 年的扶贫开发工作在社会各界的共同努力下，取得了令人瞩目的巨大成就，农村贫困人口的温饱问题基本得以解决，贫困地区的经济得到较快发展，28 个国家扶贫重点县的面貌发生了巨大的变化，广西农村的总体贫困状况得到根本改变。

（一）大规模有序展开的扶贫阶段（1986—1993 年）

1986—1993 年，大约历经十年的时间，广西这一阶段的扶贫开发取得了显著的成效，贫困地区的经济大有改观。"广西贫困人口从 1986 年的 1500 万人下降到 1993 年的 800 万人，年均减少 87.5 万人，贫困发生率从 44.6％下降到 21.3％，下降幅度远远大于全国平均水平。"但从总体上看，虽然这一阶段广西全区的农村扶贫开发有较大发展，但农村贫困的总体形势不容乐观，依然存在许许多多亟待解决的问题。

（二）凝聚合力全面攻坚阶段（1994—2000 年）

这一阶段，广西切实贯彻国家"八七扶贫攻坚计划"，加大力度，强化措施，动员全社会力量投入到扶贫攻坚战。1997 年，全区开始采取大会战方式加快贫困地区基础设施建设，先后开展十大会战，着力解决贫困农村地区的饮水难、行路难、用电难等问题，明显改善这些地区的生产生活条件。

广西在实施"八七扶贫攻坚计划"过程中，根据具体区情，采取多种形式进行开发扶贫，取得了良好成效，农村贫困人口大幅度减少。1999年，广西比全国计划提前1年基本解决贫困人口温饱问题，"八七扶贫攻坚计划"确定的战略目标基本实现。"广西贫困人口从1993年的800万人下降到2000年的153万人，年均减少92万人，贫困发生率从21.3%下降到4.3%，与全国贫困发生率的差距由1993年的12.6个百分点缩小到0.9个百分点。"

（三）扶贫开发的纵深推进阶段（2001—2011年）

这一时期是开发式扶贫向综合扶贫转变的时期，国家涉农宏观政策的重大转变对扶贫开发起了极大的促进作用。2002年，我国提出全面建设小康社会。2003年，国家取消农业税减轻农民身上沉重的税费负担，并对农民实行粮食直补等，开创了中国农业发展的新篇章。2005年"十一五"规划提出建设社会主义新农村战略。这些都表明中国政府对三农问题的重视。

根据《中国农村扶贫开发纲要（2001—2010年）》的要求，广西明确这十年的扶贫主要对象，把扶贫重点区域从贫困县延伸到贫困村，并确定28个扶贫重点县和4060个扶贫重点村为扶贫开发的主要对象。根据中央精神，广西调整思路，除绝对贫困人口外，把农村中的低收入贫困人口也纳入未解决温饱的贫困人口，使扶贫工作惠及更多贫困人口。广西还实施了整村推进扶贫工作，总体效果显著，绝对贫困人口从2000年的153万人下降到2010年的约30万人。2011年的广西统计数据显示，"按照旧的扶贫标准，2000年到2010年，全区累计解决了412万贫困人口的温饱问题，农村贫困人口从800万人减少到388万人，占全区农村户籍人口的9.1%，10年间累计下降一半以上。贫困群众收入显著增加，28个国家扶贫开发工作重点县、4060个贫困村农民人均纯收入分别从2000年的1176元、1058元增加到2010年的3454元、3037元，年均增幅分别比全区农民人均纯收入高1.77个百分点和1.6个百分点；基础设施状况明显改善，以水、路、电、房、校、基本农田等为重点的基础设施建设进一步得到加强；社会事业发展水平不断提高，普及了九年义务教育，新农合全面覆盖了贫困县，等等"①。总体上说，2001—

---

① 人民网《马飚代表：广西，再向贫困宣战》，参见：http://www.gx.xinhuanet.com/topic/2012—03/09/content_24860425.htm。

2011年这一阶段贫困地区发展目标基本实现，农村面貌发生了巨大的变化，贫困群众受益良多。

（四）再接再厉，实现新进展的扶贫阶段（2000年至今）

这一时期，广西高度重视农村贫困问题，始终把扶贫开发作为关系全区经济社会发展的重大战略任务，紧紧抓住国家实施西部大开发战略的历史性机遇，集中全力实施《中国农村扶贫开发纲要（2001—2010年）》，大规模地推进扶贫攻坚，取得历史性的伟大成就，比上一阶段又跃上了一个新的台阶。进入21世纪，广西的各级各部门深刻认识到了扶贫开发工作的极端重要性和紧迫性，进一步增强做好扶贫开发工作的强烈责任感和使命感，以更大的决心、更强的力度、更有效的举措投入到这项事业中去。

广西各级政府特别是桂西、桂西北地区政府把扶贫开发作为头号民生工程，贫困农村群众也以愚公移山的奋斗精神努力协作，经过多方努力，终于取得了21世纪第一个十年的扶贫开发的重大胜利，开创了广西扶贫开发事业新局面：农村贫困人口所占比例大幅下降；贫困人口收入增长较快，而且贫困人口自我发展能力逐步提高；贫困地区农民的生产生活条件有了明显改善；贫困地区生态环境有了显著的改观；产业化扶贫开发规模越来越大；贫困地区社会事业明显进步。总之，广西贫困农村的面貌发生了根本性变化。

三、广西扶贫开发的历史经验

改革开放以来，在广西农村地区扶贫开发的实践中，积累了许多宝贵经验，已初步形成了与广西贫困的实情相符合的扶贫开发的基本经验。这些经验概括如下：

（一）加强扶贫开发的组织领导

对贫困群众是否怀有深厚的感情、对扶贫开发工作有无正确认识，直接关系到扶贫工作成效。广西党委、政府历来非常重视和关心贫困地区的扶贫开发工作，认为这是建设中国特色社会主义事业的一项历史任务，也是为实现与全国同步全面建成小康社会和构建社会主义和谐社会的一项重要内容。广西党委、政府始终把贫困群众的切身利益放在重要位置，始终把贫困群众的温饱安危放在心上，不断强化扶贫开发的组织、加大资金投入，使扶贫开发取得了显著成效。

改革开放以来，广西各级党委、政府始终高度重视扶贫开发工作，历来都把扶贫工作列入一项重要工作来抓，切实加强组织领导，这是扶贫开发工作顺利开展的基本前提。

（二）坚持政府主导的方针

扶贫开发是一项艰难的系统工程，因此必须组织多方面的力量形成合力进行扶贫开发，这是扶贫开发的一个关键。政府主导是中国扶贫开发的最大特色，是社会主义制度的一大优势。广西30年来坚持由政府主导、社会力量积极参与和贫困群众自力更生相结合，很好地解决了扶贫开发依靠力量问题。广西的扶贫开发工作始终从宏观上把握，从大局着手，坚持"大扶贫"工作格局，按照"党委政府主导、部门社会参与、资源强力整合、资金多元投入"的思路，在全社会形成扶贫开发的强大合力。由于广西是贫困人口较多的省区，因此广西各级党委、政府和各相关职能部门更加高度重视扶贫开发工作，把贫困农村地区的扶贫开发作为事关全局发展和社会稳定的大事，实行党政一把手扶贫开发工作责任制，并且有序组织，稳步推进，为扶贫开发工作奠定了坚强有力的组织保证。

（三）开展基础设施建设大会战解决连片特困区域突出问题

在扶贫开发过程中，广西同等重视改善贫困人口生产生活的基础设施建设和增加贫困农民收入，把这两大任务置于扶贫开发的突出位置。由于广西贫困人口主要集中在大石山区、高寒山区和边境地区，自然条件恶劣，经济社会发展整体落后，人口素质差、基础设施差，贫困面积集中。这些地区脱贫的主要障碍就是基础设施和公共设施落后，这从根本上制约着贫困人口生产生活条件的改善。因此，为从根本上改变特困区域贫穷落后的面貌，广西因地制宜，扶贫开发从改善贫困地区的基础设施入手，创造性的以大会战的形式加强道路、供水、电力、通信等基础设施建设，改善了贫困人口的基本生产生活条件。

（四）产业化扶贫是贫困人口脱贫的主要途径

扶贫开发的产业化可以发挥产业集约化的经济优势，实践证明其效果良好。扶贫开发30年来，广西走产业化扶贫的路子，大力调整贫困地区产业结构，在贫困地区因地制宜扶持和壮大适销对路、有地方特色和有比较优势的产业，大力推进贫困地区的产业化经营；以产业扶贫的项目为重点，优化产业结构，提高效益，大力抓好覆盖贫困农户的产业开发，积极培育发展特色增收产业和高效农业，以优势产业为引领抓好优良种苗基地、种养示范基地建设。

（五）开发式扶贫中注重贫困群众的参与

彻底摆脱贫困，需要政府的扶持和社会各界的帮助，但这些毕竟是外因，彻底摆脱贫困归根结底要靠贫困群众自己的努力，将外部的援助转化为扶贫开发的强大内在动力，更需要调动贫困地区干部群众的积极性和创造性，需要广大干部群众自力更生、艰苦奋斗。

四、广西扶贫开发的重大历史意义

消除贫困、消除两极分化，是社会主义的本质内容之一，对于党和政府，做好扶贫开发是维护和发展贫困群众根本利益的迫切要求，是建成与全国同步小康和实现富民强桂广西梦的迫切要求，是关系到广西全区社会稳定、民族团结和边疆巩固的重大经济问题和重大政治问题。30 年来，广西各级党委、政府坚持不懈、持之以恒地推进扶贫开发工作，取得了显著成效，扶贫开发这一工作在广西发展史上具有深远的影响和重大的历史意义。

五、广西农村 30 年扶贫开发的总结与评价

通过总结 30 年的扶贫开发制度变迁路径与特征，可以对广西的扶贫开发有一个全面的了解。从历经阶段上看，1978—1985 年家庭联产承包责任制的体制改革带动农村大规模的脱贫；1986—1993 年政府正式推动大规模的开发式扶贫，即通过区域经济发展带动脱贫的中国式反贫困道路；1994—2000 年进入扶贫攻坚阶段，到 20 世纪末实现了解决贫困群众基本温饱问题的伟大成就；2000 年后从扶贫开发向综合扶贫转变，反贫困政策不再只强调扶贫开发，还通过农村社会保障体系的构建，通过开发为主、救济并重来实现农村反贫困。2010 年后，延续以前的政策，扶贫开发目标更为精准，注重宏观与微观的结合。

30 年的扶贫开发改变了广西贫困地区的面貌，贫困人口的收入有了较大的提高，生产生活条件有了显著的改善，但要想使贫困地区的人民实现与全国同步的小康生活，进而过上比较富足的生活，还需要一个长期的奋斗过程。随着"一带一路"政策的推动，广西迎来了重大契机，在国家

支持下，在自治区党委、自治区政府和群众通力合作下，广西的扶贫开发最终会完成 2020 年国家设定的脱贫目标。

（课题组组长：卞克文。课题组成员：冼少华、卢芳明、吴大华、龙裕伟、覃琳、刘玫伶）

李侑峰等

精准扶贫视域下
广西农民专业合作社运行机制探究

【摘要】 产业扶贫是精准扶贫的核心，可以有效帮助贫困地区解决生存和发展问题，并且容易取得扶贫成效。农民专业合作社可以在贫困户与社会、与市场、与政府之间架起沟通的桥梁，将农村的闲散资源进行整合，是产业扶贫的有效载体之一。当前，广西农民专业合作社发展势头良好，尤其在贫困地区发展迅猛。实践证明，广西农民专业合作社在促进农业产业结构调整、提高农民收入、减少贫富差距等方面取得了很大进步。但广西农民专业合作社还处在发展的初级阶段，普遍存在运行机制不规范的问题，如人才队伍缺乏、政策支持力度不够、管理不规范、启动资金不足等多种问题。广西作为全国扶贫攻坚重点地区，如何充分发挥农民专业合作社在精准扶贫中的产业扶贫带动作用，使农民专业合作社的运行机制更有效地符合精准扶贫的现实要求，是摆在全体广西人民面前亟须解决的难题。

【关键词】 精准扶贫　农民专业合作社　运行机制

一、广西贫困地区农民专业合作社的发展现状

（一）发展速度快，但数量仍较少

广西农民专业合作社的发展态势趋向良好，每年数量不断增加，除2012年增速略有下降外，其余年份都保持了20%以上的向上增长态势。和全区发展趋向一样，广西贫困地区的农民专业合作社总体上也是向上增长的态势，除2012年增长速度为－8%外，其余年份基本保持了增长的节奏，尤其到2013年，贫困地区的合作社急剧增加，增速达到51.59%，此后两年保持了60%以上的高位增长，预计2016年增速将继续超过2015年。值得注意的是，尽管贫困地区农民专业合作社近年来增速很猛，但和全区合作社总数相比，所占比例仍然很低，2014年以前所占比例不超过10%，这个比例比贫困县占全部县级行政区的比例还要少。这表明，贫困

地区农民专业合作社数量相对还是较少，覆盖面还比较低。

（二）基本性业务多，但拓展性业务少

广西贫困地区的农民专业合作社的业务近年来发展较快，在某种程度上应该是受到精准扶贫政策的影响。但和全区相比，贫困地区合作社业务仍然发展缓慢，业务开展不均衡，基本业务多，拓展业务少，农产品加工、贮藏的业务还亟须加强，农产品的附加值和保鲜度还不够高，全区合作社处于发展的初级阶段，没有形成完整的产业链，在延长产业链、增加成员收益的道路上还有很长的路要走。

（三）组成成员多样，但农民成员占主力

从成员类型来看，广西农民专业合作社组成人员比较丰富，从 2010年起除了农民成员外，还有非农民成员、企业单位成员、事业单位成员以及社会团体成员，且农民成员、非农民成员和企业单位成员一直呈现增长的趋势。但从所占比例来看，农民成员占绝大多数，远高于其他成员的数量，其他成员只占很小一部分。如 2016 年上半年，广西全区农民专业合作社成员总数为 256564 人，其中农民成员数为 246618 人，占总数的96％，非农民成员占 3.5％，其他企业单位成员、事业单位成员和社会团体成员只占 1.5％。贫困地区表现出来的情况和全区大体相同，但农民成员和非农民成员的数量和全区相比相差甚远，农民成员和非农民成员的发展除 2012 年出现小幅下降外，均保持增长态势。其余成员的发展数量稀少且不太稳定，尤其社会团体成员，2012 年到 2013 年仅存在 1 名，其他年份均为零。

二、贫困地区农民专业合作社存在的问题

（一）融资整合机制：缺资金，融资难

一是多数合作社缺乏可供抵押的资产，合作社的土地、宅基地等不动产的抵押又受到法律的约束，农产品等动产又不符合抵押物的标准；二是合作社难找担保，合作社准入门槛低，市场风险和自然灾害风险高，农业生产经营周期长、利润低，贫困地区企业数量少，就算有，很多企业也不愿意替合作社担保；三是合作社自身不规范。

（二）人才培养机制：人才储备少，专业人才缺，人才联动弱

一是人才储备量少，供给紧缺。迫于恶劣的生存环境，为过上更好的生活，贫困地区年轻劳动力基本上外出务工，农村剩余的多是老、弱、

病、残、妇、幼人员，且文化水平低，基本上不能促进合作社经营管理的发展。二是专业人才紧缺，支柱力量缺乏。社员所掌握的技能多是长期生产发展过程中积累下来的经验，对新的农业技术接受意愿和接受能力都较差，对市场经济的敏锐性和掌控力较差，满足不了农业经济的专业化要求。三是成员及各合作社之间合作意识薄弱，凝聚力不强。贫困地区的合作社成员文化水平较低，市场经济意识淡薄，对合作组织认知和认同程度不高，功利意识强，思想狭隘，随意毁约的情况时有发生。

（三）激励约束机制：社员积极性不高，约束力度弱

贫困地区农民专业合作社普遍缺乏有效的、科学的激励约束机制，农民合作的积极性没有被很好地激发出来。贫困地区贫困群众"等、靠、要"思想严重，一些地方酒风颇盛，贫困群众整日以酒为乐，不思上进，他们更希望政府拨付的扶贫资金能直接用到他们身上而不是扶持合作社，合作意识差，这加大了激励的难度。合作社在对成员一些违反合作社规定、损害合作社利益的恶劣行为缺乏有效的约束措施。由于约束力较弱，农民社员在消费合作社当初对其生产农产品提供的技术培训和技术指导等服务后并不会做出相应的回馈，这种不对等的付出会严重挫伤合作社帮扶贫困户的积极性，对合作社本身的发展也不利。

（四）民主监督机制：核心成员把持大局，民主监督不够

由于大权力主要掌握在理事长等少数核心成员手中，故对于贫困地区，民主监督主要是对理事长等少数核心成员而言。但在实际操作中，合作社的民主监督情况不容乐观，监事会或监事本应在这方面起到重大作用，但贫困地区发起人较少的农民专业合作社，不设监事会，只有一两名监事，监督起来有些吃力；即使设立了监事会，监事数量较多的农民专业合作社，往往是和理事长、理事等人的利益共同体，起不到很好的监督作用。部分合作社在决定重大事务时没有按规定召开社员代表大会，完全由理事长或几位核心成员说了算。有的合作社虽然对涉及广大社员利益的事项召开社员代表大会，但是参会的社员代表走过场现象比较严重。合作社在真正代表广大社员意见方面还有待加强。

（五）利益联结机制：联结方式少，不够紧密

广西贫困地区合作社与农民社员的利益联结比较松散，联结方式比较少，在建立风险补贴基金、提供无偿或低偿服务、物资供应实行价格优惠等方式上还比较缺乏，对社员的吸引力较弱。现存的股份联结方式和利润

返还方式还不成熟、不规范，机制不健全，致使农民成员对合作社存在怀疑的态度。部分合作社只能开展简单的供销服务，和社员没有建立起紧密的利益关联。

（六）信息传递机制：信息化程度低，信息面较窄

当前，广西贫困地区农民专业合作社在信息化建设方面非常薄弱，信息化程度低，信息获取量少，以致合作社在市场中处于劣势，生产的农产品没有合适的销路。一是一些合作社虽然安装了网络、电脑等设备，但利用率不高，有的配备这些设备只是为了应付上级检查或满足相关奖励和补贴。二是对信息化方面的投入不够，贫困地区农民合作社综合实力较弱，自我发展后劲不足，资金紧张，有限的资金都被用于基本的生产管理活动，无力进行信息化建设。三是信息分析能力弱，对能接触到的信息分析预测水平低，只见表面不见内里，整合分析所有网络数据的宏观掌控力更为薄弱。

三、精准扶贫视域下广西农民专业合作社运行机制的战略构想

（一）以保证基本生存为战略支点，夯实发展基本功

广西农民专业合作社发展至今虽然有了一段时间，但是由于自然条件比较恶劣以及交通还不够完善等各方面主客观原因，多数农民专业合作社还处在摸索阶段，很多运营模式、运营机制体系还不规范不健全，合作社的经济效益不是很好，部分出现亏损甚至倒闭的现象。在这种情况下，要发挥农民专业合作社的产业扶贫带动作用，首要的任务就是确保合作社在激烈的市场竞争中能生存与发展，稳固根基，才能进行下一步的规划。在生产和发展基础本不好的贫困地区，农民专业合作社应立足根本，脚踏实地，从基本功开始做起。一是选取合适的产业；二是要有过硬的技术支撑；三是要有稳定的社员基础；四是要提前做好销路保障工作。

（二）以帮贫困户脱贫为战略任务，与政府部门互利共赢

农民专业合作社虽然是以盈利为目的自愿联合、互助性的农村合作性组织，但也不能完全脱离社会的需求，尤其在精准扶贫的形势下，参与扶贫是大势所趋。一来政府在积极出台相关政策，动员合作社参与扶贫事务，减少扶贫压力。二来对于合作社来说，在追求利益的同时承担相应的社会责任，这可以获得较好的社会声誉，是利于自身发展的无形资本。合

作社应积极与政府合作，以帮贫困户脱贫为战略任务，这既能促进自身的发展，又帮助政府完成脱贫任务，实现村民致富的互利局面。

（三）以促进产业发展为战略定位，逐步提高农业现代化水平

合作社经营的产业是其赖以生存的根本，不断推动农业产业化水平，让农民专业合作社成为现代农业发展的助推器。应把促进当地该产业的发展作为努力的目标，把促进整个地区该产业的发展作为终极目标。一是推进农民专业合作社与农业现代化的协调发展；二是加大培养农业现代化人才的力度；三是加强社与社、社与企的合作。在日益竞争激烈的市场经济中，农民专业合作社要得到发展就必须加快农业产业化，加快农业产业化发展合作社需要与其他合作社合作，与企业合作，以与传统农业完全不同的组织形式与经营形式将农业产前、产中、产后连结为一体，形成完整的产业体系，提高市场准入率，提升市场竞争力，确保农民专业合作社利益的实现。

（四）以实现农村繁荣为战略目标，带动农村各项事业发展进步

农民专业合作社不仅仅要承担起增加农民收入，提高农民经济效益的责任，还要承担起发展农村各项事业的责任，在拉动经济发展的同时，还要以实现农村繁荣为战略目标，带动农村各项事业发展进步。首先，农民专业合作社要解放思想，改变"经济利益至上"的思想；其次，农民专业合作社社员要改变"等、靠"政府的想法，自主发挥合作社自治功能；再次，农民专业合作社应结合当今的发展趋势，走出一条健康、持续、环保的新路子；最后，要培养合作社的文化意识和合作意识。

四、精准扶贫视域下完善广西农民专业合作社运行机制的对策建议

（一）拓宽融资渠道，挖掘社会融资力量

一是增强融资能力，拓展外部资金来源。增强财政支持、金融支持，大力招商引资，发动社会力量参与。同时要管好用好扶贫资金，统筹安排扶贫资金，合理配置扶贫资源。要创新扶贫机制，打破行业界限和所有制形式，引导社会各类闲散资金参与扶贫开发，参与农民专业合作社建设，带动产业扶贫。二是提升内部融资水平。建议把国家财政扶贫资源直接对接农民专业合作社，并把精准对接农户的扶贫资金和资源量化为贫困农户在合作社中的股权，发展特色产业，这样则会为双方带来协同发展、合作

共赢的实践效果。还可以合作社成员自愿交纳的入社资金作为互助资金，从底层突破农民融资瓶颈。在扶贫合作社内部，精准扶贫的融资模式可以探索涵盖土地、资金、劳动等生产要素领域，形成全要素入股合作模式，撬动、集聚各级各类扶贫资源，充实农民扶贫合作社的力量，并以确权到户的方式形成村民拥有的资产股份，以按股分红的方式获取收益，形成资产收益扶持机制。

（二）加强科学指导，培养内生发展动力

增强农民专业合作社自我发展的能力。农民专业合作社培养内生发展动力，必须改革生产模式，由原来单纯的生产合作方式逐步拓展到集生产、加工、流通于一体的合作经营模式，以产业为依托，以市场为导向，辐射带动更多的贫困农户，实现"精准扶贫"。基层政府要指导合作社科学制定长远发展规划，并加强对农民专业合作社的经营管理能力、生产加工能力、营销拓展能力和信息服务能力建设，加强对农民专业合作社的指导服务工作，指导农民专业合作社培养懂经营、有技术的人才，完善相应内部管理机制，引导农民专业合作社加强品牌化经营，大力发展"互联网＋农业"，走循环农业发展之路，获得更大收益，带动贫困户增收。农民专业合作社的精准扶贫也要承接起对贫困农户的"精神扶贫"，既要引导产业化发展，又要对贫困农户扶志、增强脱贫致富的信心和决心，积极果断地采取多种措施充分调动贫困村和贫困农户脱贫致富的热情，不断增强扶贫开发的"造血"功能和贫困户脱贫致富的信心。只有这样，才能真正充分发挥出农民专业合作社的作用，并激发出贫困农户脱贫的内在动力。

（三）多级联动，稳固利益联结机制

一是政府切实担负起引导责任。基层政府要充分、有效整合各类资源，把分散的资金聚拢起来，将农户分散的土地连成片形成规模经营，把分散的贫困农户聚合成团，以产业为抓手，大力培育壮大农业专业合作社等新型农业经营主体。二是加强农民专业合作社的内部管理。农民专业合作社要建立运转协调的组织机构，要依法建立成员（代表）大会、理事会、监事会等组织机构，保证各组织机构各负其责，密切配合。完善农民专业合作社的民主管理、民主决策和民主监督制度，加大理事会、监事会权力的行使。要依法健全财务管理制度，明确各类资产的产权关系，组织合作社积极引导和带动贫困农户接入市场，提升精准扶贫的效率。三是规范和完善"龙头企业＋专业合作社＋农户"的运作机制，把企业和农民专业合作社在市场信息、物资供应、销售网络、经营设施等方面的优势和农民生产方面的优势有机结合。构建企业、农民专业合作社与农民的经济利益联结共同体，增强农产品的市场竞争能力和农户抵御市场风险的能力。

（四）增强人才吸引力，打造优势运营队伍

一是加强培训帮助合作社内部人才成长。要建立农民专业合作社带头人人才库，由乡镇扶贫部门建立农民专业合作社带头人人才库，确定带头人人才入库门槛，实行标准化管理，建立带头人入库人才管理、评价、考核和奖励的具体制度，还要完善人才使用和流动机制。通过现代农业人才支撑计划等各种培训项目提升农民专业合作社人才的管理和科技素养，探索建立农民专业合作社人才实训基地，对合作社的理事长、经纪人、经营管理人员和财会人员进行培训。二是吸引外部人才进入合作社。建立相应的人才引进机制，出台优惠政策，鼓励农村致富能人领头创办农民专业合作社，引导农民合作社聘请职业经理人，提升农民合作社经营管理水平，引导相关专业的高校毕业生到农民专业合作社工作，为精准扶贫效力。基层政府要鼓励高校毕业生带头创办农民专业合作社，在产业项目、财政资金拨付、税收减免优惠、贷款贴息政策、厂房用地等方面给予多重支持。

（五）完善基础建设，营造优良发展环境

一是加大基础设施投入，为农民专业合作社发展提供良好环境。基层政府要责无旁贷地承担起搞好基础设施建设的责任，努力为实现贫困地区脱贫致富及经济健康快速发展创造良好的外部条件。建好基础设施，为农民专业合作社在精准扶贫视域下发挥作用奠定坚实基础。政府应尽快出台相关的配套政策，避免"政出多门"，为农民专业合作社的加快发展提供良好的环境。二是以项目带动，突破基础设施瓶颈。建议整合贫困地区的有关水利建设、农业综合开发、扶贫开发等支农惠农项目，优先委托、安排具备条件的农民专业合作社参与或实施这些扶贫项目。加大贫困农村基础设施投入，重点支持农田、水利、交通等方面的基础设施建设，加大增强抵御自然灾害的能力，改善贫困乡村群众的生产生活条件，扩大农村土地整理、农业综合开发、农田水利建设、农技推广等涉农（林）项目。

（六）推进信息化建社，掌握市场先机和优势

信息化建设首先要摸清贫困农户和农民专业合作社的基本情况。农民专业合作社首先要加强内部管理的信息化建设，为每个贫困农户建立特殊扶贫账户，准确记载这些农户与合作社的交易数量和数额等。还要加强档

案管理，建立符合精准扶贫和产业发展的基础台账，包括产品加工、收购、购销合同等会计档案以及其他档案。发挥农民专业合作社的优势，推进农村信息网络建设，加快贫困地区农民融入互联网的速度，利用最先进的"互联网＋农业"助力扶贫。大力开展对农民专业合作社的农民进行电子商务技能培训，为广泛开展"电商扶贫"提供技术和人才支撑，并鼓励农民专业合作社引入电商改善贫困农村生产和消费的生态环境。农民专业合作社还要重点发展农矿产品物流业，充分利用边贸资源，通过线上与线下结合的流通模式，采购流程延伸到田间地头，销售到国内和国外市场。

（课题组组长：李侑峰。课题组成员：卞克文、杨振强、农菊梅、韦小玲、程启原、吴寿平、曾家华、梁臣）

覃娟等

广西民族地区电商扶贫研究

【摘要】电商扶贫是广西脱贫攻坚"十大行动"中的重要内容，它不仅是促进扶贫产业发展、增加农民收入的有效途径，也是实现广西精准扶贫"八个一批"的重要抓手和推动器，对广西打赢脱贫攻坚战具有重要意义。

【关键词】广西　民族地区　电商扶贫

一、广西民族地区电商扶贫发展现状

电商扶贫是依托农村电子商务的发展平台，通过一系列的政策手段、服务措施等帮助贫困农户发展生产、增加收入，从而实现脱贫致富的一种扶贫模式。电商扶贫具有非均衡性、非线性、多样性、平台性、广泛性的特点，其内容和层次主要为：扶持贫困地区家庭进行网上销售创业，包括进行基础知识培训及相应的启动资金支持等；改善农村电商发展基础，主要是对贫困村的信息、交通、物流基础加强建设，满足电商发展的需要；强化社会资源的统筹，包括政府推动当地优势特色农产品的开发、宣传与推广，动员企业与社会各界与农村对接扩大网上销售和农村特色旅游开发等。

近年来，广西各地都在加快推进电商扶贫行动计划，电商扶贫发展取得初步成效。

（一）电商扶贫政策体系不断完善

2015 年 7 月，广西出台了《关于加快广西电子商务发展的若干意见》，提出以"电商广西、电商东盟"工程为主要抓手，以服务经济转型升级为主线，以普及和深化电商应用为重点，促进网络经济与实体经济深度融合。同年，商务厅、财政厅联合推出广西电商进农村综合示范工作方案，制定颁布了《2015—2017 年全区农村电子商务工作实施方案》。2016年 2 月，广西出台脱贫攻坚战"1＋20"政策支持文件，其中《脱贫攻坚农村电商发展实施方案》提出构建农村电商服务体系、电商公共服务平台、农村物流配送体系、农村信息通信基础设施、农村产品电商品牌、加大财政投入、实行优惠政策等多条政策举措。

（二）电商扶贫项目和平台建设如火如荼

广西目前正在大力实施"电商广西、电商东盟"、"电商倍增计划"、"党旗领航·电商扶贫"行动以及电商进农村、第一书记扶贫产业园等工程项目，建设了一批服务农村电商扶贫的平台，探索了"空店"科技精准扶贫创新模式，在农村与城市间搭建起"空中农贸市场"，获得全国脱贫攻坚创新奖。还在"南菜北运"信息服务平台基础上构建广西农产品电商平台，鼓励各市农产品批发市场、大型连锁超市、农民专业合作社、家庭农场等拓展农产品网上销售，建立广西农产品直供全国各地的网上销售渠道。

（三）电商扶贫带动农民增收作用明显增强

2015 年广西实现电商交易额 4420 亿元，同比增长 110%，2016 年 1—6 月，交易额实现 3102 亿元，创历史新高；有 8 个县获批商务部电商进农村示范县，具有东盟特点、地域特色的农村电商发展模式初步形成，电商的扶贫功能日益突显。如 2015 年百色市通过 3700 多家电商平台芒果店铺实现网络销售芒果 7.4 万吨，占百色芒果全年销量的 22.6%，直接带动 1 万多人就业，包括大量农村贫困人口。农户发展和参与电商的热情特别高涨。

（四）电商扶贫产品质量和品牌建设得到提升

广西目前已打造出以"农派三叔""荔枝疯会"为代表的优秀电商产品品牌，一些贫困县也正在大力谋划通过电商渠道打造本地扶贫产品，如大化"百弄鸡"、东兰"三乌鸡"等。在横县，茉莉花茶网上销售量的不断攀升，促使不少茶企或个体户针对网络受众特点开发出茉莉鲜花、茉莉精油、茉莉花茶日用品、茉莉花盆景等系列新产品，大大提升了茉莉花系列品牌质量和市场占有率。

（五）电商扶贫激发青年返乡创业积极性

各级政府通过电商扶贫的产业政策支持，吸引了一大批外出务工青年返乡创业。如东兴市依托边境口岸发挥跨境电商优势，2015 年底全市电商企业达 1905 家，实现销售额 16.7 亿元，电商创业人员近万人，仅 2015 年就新增农村青年网上开店创业 1000 多人。政府对电商扶贫的大力支持，使越来越多的农村青年愿意回乡创业，在一定程度上缓解了农村空心化、老龄化的问题，有效激活农村的创业活力。

二、广西民族地区电商扶贫面临的主要问题

虽然广西民族地区电商扶贫取得明显成效，但是由于底子差、基础薄、起步晚，还面临许多制约因素和发展困境。

（一）政府和企业对电商认识不到位，电商扶贫发展氛围不浓

由于对发展电商的认识不到位，各地普遍存在"上级一头热、下级冷处理"的现象。电商产业缺乏专门的领导小组来统筹发展，也没有制定鼓励企业运用电商的激励政策，对待电商扶贫工作部署存在消极应付，缺乏责任意识和全局意识，导致电商发展职责职能不明晰，企业在发展电商时出现"没事大家管、出事没人管"的现象；有些地方政府担心发展电商会分流传统销售市场份额，流失税源，无法统计社会销售额度等，产生对发展电商的抵触情绪，电商发展的环境和氛围都不好。部分中小企业缺乏电商知识，不敢、不想、不愿"触网"。

（二）品牌意识欠缺，农产品销售出路狭窄

电商解决的是销售渠道的问题，电商扶贫的核心仍然是要有好的产品。广西目前的电商产品品牌建设工作比较滞后，许多优质农产品"藏在深闺人未识"，一些已开发的农产品通常又以"三无产品"的形象出现在电商网络，很难得到消费者和商家的认可。特别是东部沿海地区一些比较成熟的农产品电商平台和市场，对产品质量的管控非常严格。广西曾经有一些农产品通过电商渠道拉到江浙市场，但是因为检验不过关被迫全部销毁，造成巨大损失。电商企业如何引导农户进行标准化生产，管控产品质量，打造优质品牌，成为电商扶贫能否继续走稳走好的关键所在。

（三）电商营销组织化、规范化服务薄弱，各方合作面临较大障碍

电商作为一个新生事物，发展初期必须要有政府的大力支持和引导，相关职能部门、技术部门要协调一致，有组织、有规划地提供规范化服务，才能为电商扶贫营造良好的发展环境。但各部门在为电商扶贫服务方面仍然各自为政，很难做到团结协作，服务和管理水平低，不作为情况很突出，导致电商市场管理混乱。有的部门认为电商销售是市场的，跟政府无关，不愿做助销服务；有的质量监管部门不愿担当责任，对于产品的质量检测无法及时拿出检测报告，推诿扯皮现象严重。

（四）工业品下乡易，农产品进城难

各大电商巨头入驻农村市场的发展目标往往更侧重于推送工业品下乡，与传统零售抢夺农村市场。对于开拓农产品进城通道、解决农产品"借网"走四方、增加贫困户产业经营收入方面，着力不够。出现工业品下行比较顺畅，农产品上行相对困难，原因是多方面的，缺人、缺钱、缺团队，总体情况并不乐观。而且，与工业品物流不同，农产品一般需要冷链运输，对包装、车辆等都有特殊要求，电商面对的大都是小包装产品，比大宗农产品运输的服务要求更高，一些鲜活农产品的物流费用还远高于产品本身，农产品进城面临许多现实困难。

（五）专业化的电商服务平台和培训落后，电商人才匮乏

由于缺乏专门帮助传统企业选择电商平台开展网络营销和配对发展的专业电商服务中介公司，一些有发展电商想法的广西企业，苦于找不到牵线"红娘"，错失了大好商机；而一些电商平台也缺乏有效的推广应用手段，再加上电商人才匮乏，没能让实体企业真正体验到电商给企业带来的好处，影响企业发展电商的积极性。据统计，在过去 10 多年里，广西企业在阿里巴巴电商平台上开店的累计仅有 1000 多家。

（六）电商扶贫物流体系建设滞后，"最后一公里"难题需破解

物流配送体系是电商扶贫发展的载体和推手，电商"最后一公里"难题已成为广西民族地区电商和物流企业的最大困扰，最突出的表现是物流成本控制诉求和电商客户体验诉求的矛盾。物流企业要降低成本，而电商要求提供多样化客户体验，既要降低成本又要提高服务水平，对物流、电商企业来说都不容易。

三、加快广西民族地区电商扶贫发展的对策建议

（一）理清思路，整体谋划电商扶贫产业发展

要进一步理清发展思路，结合国际、国内电商发展的形势和本土特色，从多层次、高水平、宽领域来谋划广西电商扶贫向纵深发展。委托相关资质单位编制电商扶贫专项发展规划，以期明确定位，抓住重点，大力推进。

1. 加大宣传力度，提高对电商扶贫的认识水平。

多种途径宣传电商做法及经验。可请电商企业和网店成功人士现身说法，通过推广选"网红"为家乡代言等方法，利用"社群经济""网红经

济"特点，吸引在校大学生、驻村第一书记、大学生村官、农村青年等参与广西电商扶贫工作，为县域电商培育一批创业精英，从而带动和激发群众发展电商的热情，从农产品生产到收购、包装、宣传、邮寄、销售等所有环节都营造出人人可参与电商的环境，创造发展电商的良好氛围。

2. 打造区域性电商产业主要集中区和现代物流电商平台。

建议在河池、百色、崇左等扶贫攻坚任务较重的区域，选择条件适宜的县区来打造至少一个市级区域性电商产业主要集中区和现代物流电商平台。通过大力引入优势电商企业，突破人才、资金、信息基础设施等瓶颈限制，着力构建电商、仓储运输、物流配送等相关产业链条，形成集聚本土名特优产品、统一电商平台发布销售、便捷物流配送的电商基地，形成"互联网＋"传统产业、"互联网＋"现代制造业的电商产业主要集中区，建成面向全区、全国的现代物流电商平台，强化电商扶贫的区域联动和平台布局。

3. 推进"互联网＋"电商扶贫产业体系构建。

通过与电商的深度融合，推动线上与线下相结合、传统与新兴相结合、引导与规范相结合，带动贫困县贫困村制造业、服务业、农业、乡村旅游业等实体经济发展，推动传统产业转型升级，实现农村一二三产业融合发展。构建县、乡、村三级全覆盖的电商体系，实施"一村一品一网店"电商扶贫千店万商计划，推广"农产品供应商＋产业联盟＋采购企业""加工厂＋农民网商""农户＋网商""赶街众包快递＋农村电商代购点＋农户"等农村电商发展模式。

（二）建立"互联网＋双创"工作新机制，激发贫困户创业热情

结合国家"互联网＋双创"的发展战略，充分激发贫困群众的创业创新活力，积极把众创、众包、众扶、众筹理念引入扶贫开发，鼓励有条件的地区推进建设一批低成本、便利化、全要素、开放式的农户众创空间和贫困户创新创业社区。

1. 打造网商创业孵化基地和农民工电商人才培训基地。

通过政府大力扶持，强化创业孵化基地政策落地，吸引有实力的电商培训企业入驻，同时把重点电商产业园打造成当地网商创业孵化基地和全区的农民工电商人才培训基地。建设电商扶贫"创客城"，为贫困农户、返乡农民工以及更多的创业团队和各种创客提供新型众创空间型创业孵化基地，打造孵化平台，为全区培养农民工电商人才，对愿意参与电商培训

的贫困户给予免除培训费、发放生活补贴、给予一定的电商创业资金补助等特别支持。

2. 支持和鼓励组建青年电商创业联盟。

通过组建电商创业联盟，把一些中小电商、微商组织起来，在合作共赢中成长壮大。比如可以组建青年电商创业协会，为有志有为的创业青年搭建起与市场、社会、政府、高校、企业、媒体等交流合作、互动发展的平台，为创业青年提供创业孵化、人才推荐、金融支持项目对接、政策咨询、导师引领、教育培训等资源共享、互助、交流的服务平台。通过协会平台组建创业导师团队，为青年创业者传授创业经验，通过协会资源的整合，逐步形成具有发现优秀创业项目的能力、创业投资能力、创业孵化平台的建设能力，助力电商扶贫发展。

3. 打造"移民搬迁＋电商扶贫＋农民工创业"深度融合的试点工程和示范项目。

探索"移民新城＋电商＋双创"模式，以电商为引领建设农民工创业园，通过构建县、乡、村三级全覆盖的电商体系，鼓励发展线上线下相结合的电商产业模式，发展互联网金融，激发创业热情，拉动就业岗位，促进富民增收，争取打造广西乃至全国"移民搬迁＋电商扶贫＋农民工创业"深度融合的试点工程和示范项目。

（三）以鼓励打造"三品一标"有机农业为核心，提升电商扶贫产品品牌建设

1. 建立支持申报"三品一标"绿色有机农业激励和服务体系。

广西贫困地区工业污染少，水和空气质量好，人均耕地少，发展高质量高附加值的无公害、绿色、有机农产品，无论是从自然环境要求还是土地产出效益来说都是最优的选择。要通过建立引导贫困地区打造"三品一标"的激励机制，对成功申报"三品一标"的贫困县或贫困村给予特别的资金奖励和产业倾斜，引导贫困地区加强重视挖掘、培育和发展独具地域特色的优势农产品品牌，提升独特的农产品品质，增强特色农产品市场竞争力。

2. 引导企业做好电商企业文化品牌建设和宣传。

一是着力打造电商企业文化，特别是要把电商扶贫的理念纳入贫困地区电商企业的企业文化，好的企业文化不仅可以用来界定和规范所有员工的行为习惯，激发员工的工作热情，同时也是树立企业形象，提升企业在

消费者群体中的美誉度和影响力的有效途径。二是企通过多种形式占领宣传平台，通过大型网站、微信朋友圈、微信公众号、QQ、微博以及各种论坛、贴吧、直播平台等宣传电商企业文化，打出品牌知名度。对于大型电商企业来说还有必要入驻淘宝网、微店、京东、1号店以及其他比较知名的专业网站，形成宣传矩阵，多管齐下，多方发力。

（四）加快农村电商硬件体系建设，优化电商扶贫发展环境

1. 加强农村通信物流基础设施投入。

推动贫困地区宽带村村通建设，提高宽带接入能力；建设县域电商服务中心、乡镇电商服务站、村电商服务点三级联动电商服务体系，"十三五"期间，要重点推进移动通信建设工程、宽带网络建设工程、县域电商服务中心建设、乡镇电商服务站建设、村电商服务点建设、农村物流配送中心建设、县级电商示范工程、电商培训工程等有关电商扶贫重点工作的建设。

2. 完善配套体系建设，打通电商"最后一公里"。

多方筹措资金，着力夯实交通基础设施，持续改善贫困村发展条件，进一步打通农村基础设施"最后一公里"。推进通村水泥路改造和农村公路安保工作，加强农村公路管养，不断完善电商物流的大交通网络基础。

（五）强化电商扶贫的主体建设，大力培养电商人才

1. 培育多元化农村电商市场主体。

以知名电商平台为主要载体，搭建"广西馆"，引导农业龙头企业、品牌农产品经营企业开设旗舰店，推动专业合作社、种养专业户、农产品流通企业等向农产品生产、加工、包装、销售的电商企业发展，鼓励专业合作社、种养专业户和贫困户开设网店，拓展网络零售业务。支持贫困地区专业合作社、农产品流通企业开展生鲜农产品"基地＋社区直供""基地＋市场"等电商业务，形成多元参与的农村电商主体发展格局。

2. 加强农村电商人才培训。

采取走出去、学回来、再培训、一传十、十传百滚动培训等多种形式开展分行业、分区域的电商推广应用和技能培训。帮助贫困户对接电商平台创业就业，支持电商企业免费为贫困户提供网店设计、推介服务和经营管理培训，给予网络资费补助和小额信贷支持。通过服务外包形式委托社会专业服务机构研发和搭建"自治区级电商培训网络学习平台"和各模块培训课件，支持学员特别是贫困村群众通过网络学堂进行电商知识拓展学

习。鼓励平台与电商企业深度合作，鼓励平台开放给电商企业作为人才招聘平台，以短期的订单式培训为受训学员增加实训机会，提高电商人才培训覆盖率和灵活性。

3. 举办形式多样的电商论坛和竞赛等。

建议每年至少举办一次专门针对电商扶贫的高端论坛，可定位为各级政府主管、行业组织、商界领袖、电商企业和专家学者的高端对话，探讨电商扶贫的理论和实践。联合高校、企业、传媒等共同开展各种形式的电商大赛等活动，通过竞赛活动，树立成功电商榜样企业，沉淀优秀网商讲师。电商大赛竞赛形式及主题应多元创新，包含电商运营模式创新、团队管理、全网营销实战技巧、网店美工设计、电商创业模拟等，为电商人才提供展示角逐、脱颖而出的平台。

（课题组组长：覃娟。课题组成员：覃娟、杨鹏、陈禹静、吴坚、潘文献、张健、冼奕、王红梅）

陈禹静等

广西产业扶贫现状与对策研究

【摘要】 在市场经济体制背景下，增强贫困地区的自我发展能力，关键是要培育有市场竞争力和盈利能力的产业支撑体系。一方面，加快贫困地区产业发展，特别是现代农业建设是实现农村"生产发展"和农民"生活宽裕"的有效载体。另一方面，加快贫困地区产业发展有利于增强新农村建设的自我投入和自我发展能力，为"美丽乡村"等其他目标打下物质基础，建立起新农村建设的"造血"机制，真正加快贫困地区的脱贫步伐。

【关键词】 广西 产业扶贫 自我发展能力

一、广西产业扶贫的基本现状

"十二五"时期以来，广西一直把产业扶贫摆在首要位置，以"十百千"产业化扶贫示范工程为抓手，实施"产业覆盖贫困户"行动，大力发展富民特色产业，广西产业扶贫取得了明显的成效。

（一）特色农业产业扶贫

"十二五"时期以来，广西立足发挥贫困地区在资源和环境方面的比较优势，坚持因地制宜，以品种改良、品质改进、品牌建设的"三品"提升为核心，以标准化生产为抓手，加快推进广西最具特色和优势的粮食、糖料蔗、水果、蔬菜、茶叶、桑蚕、食用菌、罗非鱼、肉牛肉羊、生猪10大种养产业和富硒农业、有机循环农业、休闲农业3个新兴产业发展的"10＋3"提升行动的实施，努力打造广西现代农业产业发展的龙头集群，进而引领和带动其他产业竞相跟进，共同发展。据统计，2010年至2015年，广西累计扶持贫困农户发展特色优势种植业403万亩，发展养殖牛、羊、猪等大头牲畜34.2万头，饲养家禽342.9万羽。

（二）特色工业产业扶贫

以精准产业扶贫为契机，依托自身资源与区位优势，广西部分贫困地区积极引进龙头企业，主动寻求与大企业、大集团合作的结合点和切入点，拓展更宽的合作领域，形成紧密的合作关系，争取更多的支持和帮助；建农产品加工基地，通过订单的方式与贫困村贫困户签订产品供应合同、产品收购合同和技术帮扶合同，以企业为龙头，点对点帮扶村组，实施农业产业化经营，确保贫困地区农户有稳定增收产业，实现收入稳定增长。在其他各类龙头企业的带动下，广西部分贫困地区大力发展承接东部与中心城市劳动密集型产业，以及粮、油、肉、禽、饮料等大宗农产品加工业，加快形成劳动密集与城市配套制造业产业带。其中，在桂西北少数民族地区，有序开发水电、矿产资源，积极发展风光分布式生态能源，大力发展茶、林、果、菌、药材等特色农副产品加工业，形成了生态能源和特色农副产品开发产业带。在桂东南区域，发挥资源优势，重点发展粮、油、肉、禽、酒、茶等大宗农产品加工业，形成了农产品加工和特色资源产业带；在边境地区，围绕优势资源深度开发利用和大宗进出口商品就地加工装配，大力发展高档木材、金属矿产、海水产品、农产品、热带水果等进口原料加工项目，形成了进口原材料加工产业带。

（三）特色旅游产业扶贫

广西充分依托自己丰富的乡村、生态、民族、红色文化、农业以及养生旅游资源，开展红色旅游、民族风情游、生态风光游等乡村旅游。深入实施乡村旅游富民工程，扶持旅游资源丰富的集中连片特困地区创建旅游扶贫示范区，支持贫困地区参与特色旅游名县名镇名村、最美休闲乡村创建，建设更多的乡村旅游扶贫重点村。引导支持有条件的贫困村、移民搬迁安置新村充分整合农村交通、危房改造、特色旅游村镇、传统村落等项目建设资金，支持贫困地区推进特色民居和特色村寨改造，强化旅游服务综合配套设施建设，优化乡村旅游发展环境，集中培育一批农家乐、渔家乐、果蔬采摘园、生态农庄、森林公园等，吸纳贫困人口就业解困。优化旅游产业布局，强化区域合作，凸显广西乡村民族和农业特色，加强旅游产品市场推广，完善旅游产品的提档升级，延伸乡村旅游产业链。2015 年，广西旅游发展委员会安排了 1.75 亿元旅游扶贫资金支持上林、三江、巴马等 25 个贫困县的 38 个旅游项目的建设。同时，广西壮族自治区发展和改革委争取中央专项资金约 4.3 亿元，用于支持贫困地区旅游景点基础设施建设。按照国家旅游局每年要实现旅游业带动 17% 的贫困人口脱贫目标，广西六大贫困片区，54 个扶贫开发工作重点县，包括被列入扶贫范围但不享受国家扶持政策的"天窗县"，大概有 550 个乡村被列入重点扶贫工程，有 80 余万人将通过旅游业实现脱贫。

（四）养生长寿健康产业扶贫

广西拥有优美的自然生态环境，是良好的养老养生胜地，有着巴马、永福、金秀等 23 个"中国长寿之乡"，是国内拥有"中国长寿之乡"最多的省区；同时，广西是中国著名的"中草药王国"，共有 4623 种中草药资源，数量位居全国第二。同时，广西有广西中医药大学、广西医科大学、桂林医学院、右江民族医学院等医学类高校。这些要素为广西健康养老养生产业发展奠定了坚实的基础。为实现养生长寿健康产业助力扶贫开发，充分利用广西自身竞争优势来发展健康养老养生产业，实现经济效益、社会效益、环境效益共赢创造良好条件。广西以巴马、凤山、东兰、大化、天峨、凌云、乐业、马山、环江、罗城等县为重点，发挥了长寿之乡的品牌效应，发展养生长寿健康产业。在保护开发巴马、罗城等县优质养生山泉水资源外，还重点发展了茶油、茶叶、板栗、核桃、香猪、瑶鸡、玉米、火麻等健康食品和保健酒业，研发了火麻油、火麻蛋白粉、火麻仁、火麻茶、火麻胶囊等高档保健品及火麻深加工产品。此外，开发了森林养生、山水养生、康体养生等养生休闲项目，建设养生休闲、疗养康复基地。打造形成了巴马盘阳河流域养生带，建设了一批长寿旅游特色商品街、长寿文化旅游城镇和示范点。总的来看，养生产业为当地贫困农民带来不错的收益，实现了贫困农民脱贫致富。

（五）民族文化产业扶贫

广西的地理位置虽偏僻但不封闭，是西部唯一沿海又沿边的省区，特别是广西与东盟国家山水相连，历史上形成了丰富多彩的文化资源积淀，为广西发展文化产业提供了很大的发展空间。尤其是广西一部分贫困地区农业受制于自然环境、工业则基础薄弱，此时来讲，"养在深闺"且保存完好的文化遗产、多彩的民族特色、优越的自然环境就是这些贫困地区的独特招牌和后发优势。贫困地区着力开发当地"原始"的民族文化、传统文化资源，将其转化为现实的生产力，将贫困农民转变为文化旅游产业的从业者，不但能给当地形成稳定的产业支撑，也能实现农民的稳定增收。

二、广西产业扶贫面临的困难

（一）贫困村基础薄弱，产业连片开发难

广西贫困地区大部分地处喀斯特地貌的山区，道路不通，土地较为分散。由于山区土地无法连片，尽管产业扶贫有一定的效果，但是难以实现集中连片，发展产业难度大。同时，产业扶贫对象为贫困户，但是集中连片涉及得不到扶持的一般户，连片发展难度大。在各项目县，产业连片开发的范围除了贫困村外，会涉及一些非贫困村。对于非贫困村的农户来说，得不到产业扶持资金，其发展产业的积极性受挫，产业连片开展的效果难以达到。群众存在"等、要、靠"思想，连片开发与对扶贫对象的扶持存在"人地"矛盾，"连片"的效果不明显。由于地理条件及历史问题的因素，项目区内各个农户的土地普遍分布在不同的地方，普遍存在一户农户一亩地分布在四五处不同的地块的现象。由此造成列为扶贫对象得到扶贫部门扶持的农户积极性高，得不到扶贫部门扶持的农户存在消极思想，有的农户干脆不参与开发，出现规划区域的规划项目存在玉米与火龙果"插花"的现象，连片的效果大打折扣。

（二）生产性基础设施缺乏，难以为产业发展提供支撑

对于产业发展来说，生产性基础设施建设是产业发展的重要基础。没有完备的农业基础设施，为产业发展提供道路、水利等方面的支持，产业发展就难以顺利地开展。课题组在各县发现，部分项目村存在基础设施建设跟不上产业发展步调的情况，影响了项目的实施进度和农户的脱贫致富。例如，在凤山县，尽管政府高度重视产业发展，但是生产性基础设施差仍然是当地产业发展的桎梏。调研中发现，当地项目村生产用路严重欠缺，项目区"块状"连片 100 亩以上的种植区域中，共有 18 处未通机耕路，运肥运水全部依靠肩挑马驮，生产成本增加，修建生产用路的需求亟待解决。在藤县，项目区域内的基础设施需进一步完善，水利灌溉方面还达不到要求，"望天田"较多，缺水问题较严重，影响了粉葛的产量；道路方面，田间道较少，产品运输有一定困难。

（三）资金扶持有限，农户发展产业乏力

对于贫困村的贫困户来说，其经济基础较差，发展产业对于资金的需求较高，政府的支持力度也决定了其能否把产业做好，能否脱贫致富。在实际调研中，课题组发现，一些贫困县对贫困户的扶持仍然偏低。目前，贫困户发展产业，主要通过申请小额扶贫信贷 5 万元和参与村级互助金组织等方式来筹集产业发展资金，但这两种方式目前发展还不够成熟。如金融机构在考核贷款申请时，倾向于放贷给还款能力较强的申请人，而这部分人往往不是贫困农户，即使发放给贫困户，也只能领到 2 万元以下的资

金。互助金组织的发展还处于起步阶段，全面普及有待时日。此外，对于单个农户来说，由于土地使用权是不能用来抵押的，农户想获得贷款的难度较大。在部分贫困村，为了发展产业，政府部门提供贴息贷款，但是扶持的农户有限，部分贫困农户由于自身还款能力不高以及非贫困户仍得不到扶持。而小额贷款公司的风险较高，贷款利息也高于常规的贷款，对于贫困户来说，申请小额贷款公司的贷款难度很大。

（四）合作社发展缓慢，服务产业能力不强

对于广西产业化扶贫来说，合作社的发展对于产业的推进起着不可或缺的作用，其发展的状况也直接影响合作农户的发展。通过查阅各县的自评报告，广西各县合作社的发展较为缓慢，总量上较少。具体来说，广西各县与该县产业扶贫相关的合作社在1～2家，少部分县如上林县、藤县有5家以上，合作社的数量难以满足广西产业发展的需求。对于技术能力较差、在技术服务上有较大需求的小农户来说，合作社对其的帮助是微乎其微的。同时，合作社与农户在利益分成上存在冲突。多数农户参与项目是通过合作社的带动，由于信息不对称、目标不一致、双方约定不完备等原因，农户和合作社在利益分成上存在冲突，双方由原来的"合作"变为"互不妥协"，项目的实施受到影响，产业扶贫的效果也因此不理想。

（五）人力资源供给不足，产业发展困难

一方面，农村劳动力外出务工，产业发展缺乏动力。贫困地区的年轻人外出务工，不愿意在村里担任干部，村干部只能由年纪较大的人担任，这样的村干部队伍容易出现观念因循守旧、文化水平低，对于新产业的接受难度大的现象，难以带动村里的贫困户发展产业。由于青壮年外出务工，留在村里的大都是老弱病残人士、妇女和儿童，农业生产收入在家庭收入的比重逐年下降，外出务工比重逐年增加，发展本村产业缺乏年轻的劳动力。另一方面，贫困农户文化水平低，脱贫意识缺乏。人口文化素质过低是贫困地区社会经济长期处于停滞状态的一个重要原因。由于贫困地区农户自主脱贫意识淡薄，普遍缺乏商品流通意识和市场竞争观念，对先进技术的接受能力差，推广优良品种和新的种植技术难度大，这给扶贫培训带来了困难，农户缺乏种植技术，参与产业的积极性也不高。

（六）项目资金制度不合理，不适于农业产业的发展

农业生产是以自然再生产为基础的，动植物有其自身的生长发育规律。因此，农业劳动必须符合动植物生长的规律，才能提高农业生产的效

率。相反，不合时宜的农业劳动反而会抑制农业生产。在广西扶贫的项目中，产业扶贫项目几乎是到当年的 3—4 月才开始走招投标程序，5—6 月才能走完程序，因此扶贫项目资金往往在 7 月以后才陆续使用。但按目前财政资金使用规定，项目的资金使用必须当年使用完，如果使用不完资金就要全部上缴，不能跨年度使用。于是，项目主管部门不得不年底突击花钱，任务集中、压力大，资金的使用被列入当年部门的绩效考核，拨出去的资金，当年的年底前项目也必须实施以应对检查验收。但是很多农业项目按动植物的生长规律，在上半年才是最佳的实施时间。这就出现了资金使用与项目实施时间上的不对称。这与农业发展是不相适应的，因此现有的项目资金管理制度不合理，不能有效地帮助农业产业的发展。

三、促进广西产业扶贫的对策建议

（一）转变发展方式，加快特色产业优化升级

1. 从"产前—产中—产后"着手，构建产业链条。

开发特色优质农业产业需要在以下三个阶段下足功夫：一是确定产业项目阶段。在开发特色优质农业产业前期工作准备上，需要充分考虑当地农民的意愿，在充足的市场调查下，采取参与式方法，与农户、当地农业协会或合作社等参与农业产业发展方共同探讨确定发展项目。二是实施产业项目阶段。充分发挥当地的自然资源优势，在不损害生态环境的前提下，引导贫困农户从分散的生产经营转变为连片开发的集约化经营，推广应用先进的农业实用技术，从初级生产转变为中高级生产，拓宽农产品生产产业链，加大农产品精深加工，提高农产品的附加值。三是产品销售阶段。一个好的产业开发离不开经营销售。通过加大产品的品牌化经营，积极争取产地认证，达到畅通产品销售途径的目的。

2. 加快土地流转，推动产业的规模化发展。

广西贫困地区农户的人均耕地面积少，耕地分散，耕作不方便，土地收益率低，在产业发展方面存在着先天的不足。产业的发展离不开规模的扩大，通过土地流转，地块互换，使零星分散的土地集中起来，提高土地的集约化程度，改变传统的散户生产模式，按照区域化规模经营的要求，调整产业结构，实现产业的规模化经营。而要加快土地的流转，转变农户对土地的依赖观念至关重要，在尊重农户的意愿基础上，保障农户在流转土地后的收入来源。如此一来，极大地解决了贫困地区发展产业的土地制

约因素，促进了贫困地区的产业发展。

3. 构建产业化发展载体，降低发展风险。

在市场经济中，单个农户作为市场主体中的一个弱势群体，难以抵御市场风险。要避开这种风险需要通过农民专业合作社、扶贫龙头企业等作为载体，将单个的农户紧密联系在一起，提高抵御风险能力。因此，政府在贫困地区推行农业产业化的过程中，需要充分考虑当地的资源要素，因地制宜地扶持适合当地发展的扶贫龙头企业和农民专业合作社的发展，带动贫困地区的农业区域化、专业化、品牌化生产，促进贫困地区的快速发展，为贫困地区贫困人口提供就业和增收的平台。

4. 大力发展广西特色农业产业，注重生态效益。

农村贫困问题与生态环境的破坏有着密切的联系，贫困与生态环境相互影响，并且陷入恶性循环，这往往是造成贫困地区发展不可持续的一个重要因素。在推动农村经济发展，缓解农村贫困现状过程中，在充分认识区域特点的基础上发展相应的特色农业产业是农村经济发展的可行道路。主要是充分发挥地方比较优势，并符合市场经济发展相关规律，能够将区域内的特色资源转化为走向全国甚至世界的特色商品，从而获得较高的市场份额和经济效益。

（二）培育广西主导产业，打造区域"增长极"

1. 强化优质基础设施的供给。

首先，要抓好贫困地区的公路交通建设，一方面，要在结合地方实际地理条件和交通需求的基础上，因地制宜地搞好乡村公路建设，实现乡乡通公路；另一方面，对于已经实现公路初通的乡村，还应根据当地生产发展的需要逐步提高乡村公路的等级。此外，还应大力加强对现有公路的管理和养护，从广西贫困地区交通实际出发，强化路政管理，实行"县管、乡办、群养"的管理体制，使贫困地区的公路能长久地发挥社会效益，以及最大限度地发挥经济效益。其次，要提高通信和信息基础设施的建设水平，注重信息的优质供给。充分了解和掌握广西贫困地区的产业信息结构与需求的变化，根据这些变化建立合理的信息保障体系，并加大对信息服务现代化、网络化建设的投入，充分开发和利用信息资源，推动贫困地区产业健康、快速发展。最后，是解决水利和电力问题。重点在于兴修水利工程，提高水利化、机械化程度，从而改善生产条件，提高产出率和产品质量。依托农村电网改造，分期、分批逐步解决贫困村的通电问题。除此之外，广西贫困地区还应根据农户家庭具体情况，普及沼气池的建设，实现农户生活用能的代换，保护森林植被，改善贫困地区生态环境。

2. 构建高效益的产业链，促进产业集群。

产业集群作为一种产业组织形式，其发展与产业结构的调整、技术创新以及国家和地方经济的发展密切相关。广西贫困地区应在发展地区主导产业的基础上着力促进以龙头企业和种养示范基地为中心的产业集群。政府部门要对此积极引导并不断加强产业集群的深度、广度和强度，强化广西贫困地区内部产业联系，加强主导产业的上、下游产业的延伸，促进产业链的拓展和价值链的提升。要在广西贫困地区完善产业集群的职能，才能更好地推动主导产业链的延伸，促进贫困地区产业结构的优化升级；才能加强主导产业抵抗风险和危机的能力，使之形成一个主导产业链带，发挥出产业集群效应。

3. 加强贫困地区龙头企业的培育。

培育和发展龙头企业是推动广西贫困地区产业发展的关键。主导产业的龙头企业是体现主导产业发展先进性的标志。在贫困地区培育和发展龙头企业可以采用以下三种方式：第一，可围绕主导产业和重点产品，在产前、产中和产后各环节上选择和培育一批科技含量高、较易达到规模经济、市场潜力大、辐射带动功能强的企业作为龙头企业，如培育和发展大型骨干企业集团，发挥其在产业发展中的带动作用。第二，积极接轨广东，通过两广扶贫合作项目承接广东的部分产业，积极引进广东的大型企业进入广西贫困地区投资、合作，利用广东的优势发展壮大广西贫困地区的龙头企业，增强广西贫困地区主导产业企业的综合竞争力。第三，是鼓励企业联合发展，即通过在股权、产品、技术和资金等方面的合作，来构建企业战略联盟，或者通过企业之间的并购重组达到优化产业组织，增强龙头企业内部和外部规模经济的效用。

4. 注重人才资源开发和培养。

在人才开发和培养方面，要因地制宜，重点围绕广西贫困地区主导产业的发展，通过职业教育和技能培训两种有效形式加大人力资本投资。职业教育是教育事业中与贫困地区经济社会发展联系最直接、最密切的部分。广西应当通过加大对贫困地区职业教育的投入，来提高办学质量，扩大办学规模，从而促进广西贫困地区的劳动力就业，促使贫困地区经济和社会协调、稳定发展。技能培训要根据各个贫困县的自然资源和生态条件，结合各县的产业发展来制定培训计划；要广泛开展多层次、多类型、多渠道的职业技能培训，注重培训方式创新，把定期集中的系统培训、外出考察学习、加强与周边地区的技术交流与合作，以及请专家或种养能人适时传播新技术、新知识等多种培训方式有效结合起来。除了对广西贫困地区本土人才的培养，还需要从其他行业和地区引进相关技术人才，重点是围绕农业引智示范基地，大力引进农业生产、加工和营销方面的人才；以在主导产业发展中起带动作用的龙头企业为突破口，实行市场化人才资源配置。

（三）挖掘优势，打造农业领域平台经济

1. 积极推进农村电子商务发展。

农村作为农产品的生产地和流通集散地，是构建农产品流通平台的重要环节。积极推进农村电子商务发展，构建农村电子商务服务体系，是实现"农产品进城"，构建广西农产品流通大平台的重要举措。首先，广西各级政府应积极引导推动，以"广西电子商务进万村"工程为抓手，统筹发展广西农村电子商务。其次，围绕农村生产需要，建设农村电子商务服务平台，整合现有的网络资源，为农民提供农副产品线上销售推广、电子商务创业扶持等服务，通过电子商务发展，开辟广西农村农产品的上行市场，拓展农产品销路，奠定广西农产品流通平台建设的基础。再次，大力推进试点建设，以农村电子商务发展典型的示范，带动农民电子商务发展。最后，不断加大农民电子商务的宣传力度，提高农民对农产品互联网营销、推广模式的认识，通过意识的改变促进农民开展网上销售的实践。

2. 着力建设农产品流通平台。

农业是广西的优势特色产业之一，近年来，广西特色优势经济作物发展成效显著，广西成为全国重要的甘蔗、蚕茧①、水果②、蔬菜③等产区和流通集散地。另外在中国—东盟自由贸易区建成及广西的区位优势推动下，广西成为东盟水果等进出中国的重要枢纽，因此广西应突出农产品的

---

① 2013 年，广西蚕茧产量达 32.8 万吨，占中国的 1/3、世界的 1/4。

② 广西是中国水果年产量过千万吨的 5 个省区之一。

③ 广西是"南菜北运"的重要始发地，年均蔬菜运量 800 万吨，位居南方各省份第一。

重要地位，着力打造农产品流通平台。一是重点打造广西农产品交易网①，加快广西农产品流通体系的发展和完善，实现并不断提升农产品流通管理信息化水平，将其打造成为广西具有权威性、快速、准确、高效的农副产品信息网络平台。在此基础上打造广西特色农产品电子交易平台，如专业化海产品电子交易平台、水果电子交易平台、"南菜北运"信息流通平台②等。二是积极建设面向东盟的农产品现货交易平台，如中国—东盟（凭祥）水果进出口及深加工中心、中国—东盟北部湾北海现代渔港经济区水产品物流中心、中国—东盟（钦州）农产品物流中心等。三是积极打造面向国内市场的农产品交易平台。依托广西主要农产品产地，以"南菜北运"等为主要方向，积极打造产地集散交易中心。重点打造百色壮乡河谷产地集散中心、玉林蔬菜集散中心、桂林平乐产地集散中心、田阳古鼎香产地集散中心等。

（四）完善区域创新机制，提高产业创新能力

1. 探索扶贫投入增长机制。

建立与中央、自治区、市扶贫资金投入的共增机制，在努力争取中央、自治区、市扶贫资金的同时，县级财政不断加大统筹力度，完善产业扶贫的投入激励机制和社会化扶贫的联动机制。建立扶贫资金的投入引导机制，引导金融部门加大对贫困农户、扶贫企业的信贷资金支持力度。通过以奖代补、财政贴息、信贷担保等形式，积极鼓励工商企业和其他社会资金参与到扶贫开发中来，形成多渠道、多元化的扶贫投入格局。推动扶贫互助社建设，按照"民有、民用、民管、民借、民还"滚动发展模式，解决贫困户发展生产资金短缺难题。

2. 科技制度创新。

首先，要创新科研激励制度，构建和完善广西贫困地区的产学研合作

2016年度广西社会科学院科研成果选编

---

① 广西农产品流通网由广西壮族自治区商务厅主办。主要功能有：1. 每天向社会发布农产品供求信息、价格信息等。2. 建立信息中介组织，从事农副产品短期、中期、长期市场信息分析预测工作，适时向农民发布准确、实用的信息，以便指导生产，促进流通，发展农产品电子商务等现代交易方式，不断扩大农产品的网上销售，积极推动种植养殖大户与农民专业合作组织充分利用网络，将自己生产的农副产品供应信息上网发布，寻求消费者或经销商联系销售签约，以拓宽农产品销售渠道，节约流通成本，探索信用交易、委托交易、电话交易等农产品流通新方式，逐步推动农产品市场由以即期交易为主向以远期交易为主转变，以降低交易成本。

② "南菜北运"信息流通平台，主要功能为：1. 提供高效及时的价格、市场供求、技术创新、优惠政策、气象与灾害预报、市场预测等有关信息。2. 为批发市场和农产品加工企业发布各类农产品的价格和货源信息。3. 为物流企业发布和查询物流供求、物流运作成本和物流服务质量等实时信息。4. 为政府相关职能部门的信息沟通提供信息枢纽作用，为政府的宏观规划与决策提供信息支持。

体系。广西贫困地区应当在市场机制的指导下，通过政府部门的引导，由龙头企业主导，依托高校和科研院所来构建产学研的合作体系。与此同时，要注重创新科研激励制度，鼓励龙头企业、科技能人和相关科研单位加快开发节能技术、绿色农业技术等新兴技术，重点针对农业和工业科研的产学研结合，加强贫困地区农、工业的关联度。其次，要建立主体多元化的农业科技推广机制。广西贫困地区应当根据产品的公、私益属性来确定推广农业科技成果的主体。对于纯公益性的农业科技成果，应当由县乡两级甚至省级的农技推广部门当作公共产品向贫困地区农户予以免费无偿推广，具体可采用农村科普、科技下乡等推广方式。对于那些纯私益性的农业科技成果则应当通过市场机制实行市场化推广，但政府部门可以为供求双方牵线搭桥，满足其对接需求。对于那些半公益性的农业科技成果，则可以选择由政府或非政府组织来进行推广。此外，通过专用肥公司、农作物良种公司、苗木公司、畜禽公司等公司的创办，把科技和经营结合起来，也可以实现科技的推广。最后，要构建广西贫困地区信息资源共享平台，为贫困地区经济和社会发展提供信息化服务，以信息化带动农业产业化。

3. 金融制度创新。

广西应当建立和完善政策性金融机构、商业性金融机构与农村信用社协力支持贫困地区主导产业发展的制度。首先，对于中国农业银行等商业银行，应当引导其支持贫困地区的建设，优先贷款给贫困地区的企业和农民。其次，要扩大农业发展银行等政策性银行的服务范围，大力支持贫困地区的发展。最后，要在贫困地区大力推广农村信用小额信贷，鼓励在贫困县内设立多种所有制的社区金融机构，积极引导民间投融资机构发展，从法律上保护和规范合法的民间金融活动，引导农户发展资金互助组织。其中，农村信用社在贫困地区的支农服务中具有网络分布广和经验丰富等优势，应当充分发挥其主力军的作用。而村镇银行、资金互助组织、资产管理公司、小额贷款公司等新型农村金融机构由于贴近农村，能较全面地掌握当地农户和中小企业的信息，并且办理贷款手续简便，可以弥补一般商业银行支持力度的不足，为贫困地区提供多样化的金融产品和金融服务。

（五）通过产业扶贫建立贫困户脱贫的内动力机制

1. 扶贫先扶智，增加贫困人口人力资本投资。

要将贫困地区的人口压力变为人力资本，实现"扶智""扶贫"的目标，应该从以下几点着手：（1）持续增加农村教育投入，普及义务教育和完善贫困人口的终身教育体系，让每个贫困家庭的孩子都有书念，彻底改变农村劳动力文化素质低下的局面；（2）对转移劳动力进行职业技术培训，依托现有培训资源提高农民的劳动技能，创造条件建设农民工培训示范基地，为农民工返乡创业奠定基础；（3）加强贫困地区人才引进制度，鼓励并扶持农业职业教育机构的成长，及时为贫困人口带去新的经营理念、技术和市场信息，真正实现科技兴农，帮助贫困群体寻找解脱贫困的突破口，切实实现可持续发展；（4）在产业扶贫发展项目中积极吸收妇女等弱势群体成员，提高她们的科技素质和参与经济建设的能力，培养一批有文化、懂技术、善经营、会管理的农村妇女，从而保证妇女在项目建设中参与的机会，促进项目的顺利进行。

2. 扶贫先扶志，完善产业扶贫贫困户参与机制。

建议在贫困村成立专门的产业扶贫事宜民主决策机构和扶贫项目实施管理小组，提高村民的公民意识，让村民参与某些必要的环节，项目村要在村民代表会议和村民大会上把各类产业扶贫项目的投资、建设方式、经济效益、时间质量要求等基本情况向广大群众讲清楚，再由群众通过产业扶贫民主决策机构自主决策，制定项目规划。产业扶贫项目确定后，由产业扶贫项目实施管理小组召集村民代表对项目资金统筹安排，组织农户参与项目实施管理。招标采购、农户协调组织、材料发放到施工组织管理等具体问题要根据实际需要，由农民自我管理实施某些必要的环节。提高群众对产业规划、项目申报、项目实施等环节的知晓率和参与率，并充分听取他们的意见，尤其是贫困农户的意见，尊重他们的意愿，引导鼓励他们出谋、出资、出力。提高贫困群众的参与意识，扶贫主体应当以服务意识代替管理意识。充分尊重农民的参与主体地位，使得贫困户在脱贫过程中可以发挥主观能动性。同时，应当让农民从参与过程中分享到利益，只有扶贫项目的拥有权和受惠权落到农民手中，农民得到参与的实惠，农民才会更加主动地参与到产业扶贫过程中来。

（课题组组长：陈禹静。课题组成员：覃娟、杨鹏、韦艳南、潘文献、姚华、云倩）

覃娟等

广西少数民族村寨旅游扶贫开发路径研究

【摘要】 从 20 世纪 90 年代开始，广西民族旅游业蓬勃发展起来，少数民族旅游村寨的建设和发展也逐渐得到重视。少数民族村寨旅游开发内容丰富，涉及面广，自成一体，是民族地区旅游开发中独具地域和文化特色的单元。然而，具备良好民族民俗文化旅游资源的少数民族村寨一般都处于较偏远落后的贫困地区。随着 21 世纪初西部大开发和扶贫开发工作的推进，我国在民族地区大力推行旅游扶贫开发模式，少数民族村寨旅游扶贫的功能越来越受到重视和开发。

【关键词】 少数民族　村寨旅游　扶贫开发

一、广西少数民族村寨旅游扶贫发展成效

2009 年国家民委和财政部部署开展少数民族特色村寨保护与发展试点工作以来，广西通过安排少数民族发展专项资金用于在全区 69 个试点特色村寨实施村屯道路硬化、人畜饮水工程、特色民居改造、民族文化设施建设等项目，着力保护和打造民族风情浓郁的少数民族村寨。2015 年国家民委命名的首批 340 个"中国少数民族特色村寨"中，广西共有 59 个村寨上榜，数量位居全国第二，民族村寨旅游逐渐成为热点，民族村寨旅游扶贫也在广西脱贫攻坚战中发挥越来越重要的作用。

目前，包括少数民族村寨旅游在内的广西乡村旅游产业规模初步形成，全区共有乡村旅游区（点）1000 多个，农家乐 3500 多家，分布在全区 14 个市、90 多个县（市、区），旅游产品类型多样，涵盖了旅游业的各种业态，并取得良好的社会效益和经济效益。2015 年，全区旅游扶贫试点县增至 16 个，试点村特别是少数民族村寨试点村的经济效益和示范效应显著提高。精心打造了一批少数民族村寨旅游的重点景区和精品线路，如桂林龙胜龙脊梯田景区、柳州三江程阳侗族八寨景区、融水贝江景区和雨卜苗寨景区等一批国家 AAA 级旅游景区。旅游基础设施不断改

善，采取贫困地区基础设施建设大会战方式，集中资金、集中力量，在一定时间内，对连片特困地区基础设施和公共设施进行全面建设和改造；旅游接待设施也逐步增加，2013 年石漠化片区（广西）内共有住宿设施15890 家，总床位数 811970 张。

总的来说，广西少数民族村寨游产品内容和形式正在从单一性向多样性转变，旅游产品体系初步建立，旅游产品供给质量不断提高，区域旅游市场竞争力明显增强。龙胜各族自治县、巴马瑶族自治县、三江侗族自治县、融水苗族自治县等贫困地区的大批农民因吃上"民族村寨特色乡村旅游饭"，走上脱贫致富路。

二、广西少数民族村寨旅游扶贫开发中存在的主要问题

广西少数民族村寨旅游扶贫由于起点低，基础差，在实践推进过程中还存在许多问题。

（一）认识存在偏差

少数民族村寨旅游扶贫存在认识方面的偏差。一是很多干部群众认为旅游扶贫是政府主导型旅游发展，"等、靠、要"思想仍然束缚着大多数人的思想观念，没有发挥地方利益相关者的积极性。二是农民对发展村寨旅游的意识还停留在自给自足的陈旧思维方式之上，旅游开发的积极性不高。三是一些地方政府和少数民族群众对传统村寨重要性认识不足、保护力度不够，造成对少数民族特色村寨的人为破坏，丧失了少数民族村寨的"原汁原味"。四是一些民族地区地方政府只重视开发大村寨旅游项目，而对扶持贫困户发展"农家乐"不热情、不乐观，片面追求经济收益，造成旅游扶贫效果大打折扣。

（二）规划还比较粗糙

广西民族村寨旅游扶贫规划存在几方面问题：一是低水平重复规划。由于少数民族村寨旅游扶贫大部分还是属于政府主导型，规划经费投入有限，造成少数民族旅游扶贫项目的同质化。同时，由于目前为乡村旅游做规划的机构少、经验不足、水平不高，很多地方的乡村旅游规划都是几家公司搞规划，造成规划的创新性不够。二是规划不够细致。由于要在短时间内规划那么多村寨旅游扶贫项目，对于各村寨的旅游特点、优势研究不足，许多规划过于粗糙，没有充分挖掘当地文化、民俗、特色产品发展村寨旅游产品和旅游商品。

（三）基础设施建设落后

广西大多数少数民族村寨处于偏远的经济欠发达地区，大部分乡村开发仍然处于起步阶段，连基本的旅游基础设施如道路、厕所、通信、停车场、生活污水和垃圾处理设施等都缺乏，尤其是城市及国道、省道至贫困村连接道路建设大多落后，景区与村寨旅游点之间交通路网建设等级更低，还不同程度上存在脏、乱、差的现象。旅游服务等"软"服务就更没有经过专门的技术培训，服务水平处于农村"传统待客之道"。

（四）投入仍然不足

广西少数民族村寨旅游扶贫资金来源渠道比较单一，主要是政府资金，目前也有一些社会资金进入村寨旅游市场。政府财政仍然是旅游扶贫资金的主要来源，多渠道投入机制并没有形成。对于村寨旅游扶贫项目，个人资金、集体资金、资本市场资金等社会资金还没有将村寨旅游扶贫作为投资的目标。由于缺乏有效的村寨旅游扶贫投资激励机制，总体上，广西还没有形成民族地区旅游扶贫项目的多元化投资机制，这就造成了村寨旅游扶贫投入不足的问题。

（五）经营管理有待提高

据调研，目前民族地区村寨旅游从业者鱼目混珠，经营混乱，相关部门监督管理不到位，经营管理不规范，主要表现在几方面：一是旅游项目开办审批不规范，很多项目没有申报，没有统一的餐饮卫生标准和客房配置清洁卫生标准、服务标准。二是旅游扶贫项目从业人员水平比较低，从业农民既是管理员，又是服务员，服务水平低，不能满足游客的要求。三是管理体制不健全，村寨旅游涉及的农业部门和旅游部门管理不协调，政府扶持力度不大，缺乏统一有效的管理模式。

（六）人才缺乏依然严重

对少数民族村寨旅游扶贫发展来说，人才十分关键。贫困户、贫困村的文化素质普遍较低，人才缺乏，目前，广西一些规模较大的少数民族旅游景区还能够聚集一些管理人才、文艺人才，但是大部分少数民族村寨旅游村屯都缺乏各类旅游人才，当地一些非物质文化遗产的传承也后继乏人，大部分从事少数民族村寨旅游的业主和服务人员也没有经过技能培训，相关旅游人才的缺失正是少数民族村寨旅游扶贫的一大制约因素。

（七）政策扶持力度不大

宏观旅游政策没有得到细化落实。2015 年 12 月，国土资源部联合住房和城乡建设部、国家旅游局印发了《关于支持旅游业发展用地政策的意见》，广西也出台了《关于贯彻落实中央扶贫开发工作重大决策部署坚决打赢"十三五"脱贫攻坚战的决定》《脱贫攻坚交通基础设施建设实施方案》《脱贫攻坚旅游业发展实施方案》《脱贫攻坚贫困户小额信贷实施方案》《脱贫攻坚增加贫困户资产收益实施方案》等16个实施方案，但在实践中，乡村旅游发展中旅游用地、金融扶持等扶持措施还不够明确，对贫困户的旅游扶贫力度不够大，财政补贴、税收优惠力度等鼓励措施也难以吸引社会资本进入到少数民族村寨旅游扶贫事业中去。

（八）村寨旅游扶贫没有形成产业规模效应

少数民族村寨一般都处于偏远地区且住得很分散，一家一户发展的种养业规模很小，很难形成具有较大规模的乡村旅游产品，游客稍微多一点，村寨旅游的产品供应就显得短缺，"公司＋基地＋农户""公司＋旅游合作社＋基地＋农户""能人＋合作社＋农户""合作社＋基地＋农户"等多种旅游扶贫经营模式还不是很普遍，造成贫困地区的村寨旅游没有形成产业规模效应。

三、广西少数民族村寨旅游扶贫贫困人口受益状况调查

对广西少数民族村寨旅游扶贫贫困人口的参与程度和受益状况进行客观的调查和评估，有利于我们更进一步了解广西少数民族村寨旅游扶贫当前的进展、成效及存在问题，为进一步推进旅游扶贫工作打下坚实基础。

（一）广西少数民族村寨贫困人口参与程度分析

旅游扶贫是广西少数民族村寨实现脱贫目标的一项重要举措，要真正把村寨旅游扶贫落到实处，必须在村寨旅游开发中注重村民尤其是贫困村民的广泛参与，才能从根本上解决民族村寨经济的持续发展和贫困人口增收问题，村寨贫困村民参与当地旅游开发的程度直接决定了村寨旅游扶贫的深度和广度。然而，在广西民族村寨地区，由于大多数贫困人口知识水平较低、自我发展能力不强、信息资源落后，导致其参与村寨旅游开发的机会与相对富裕的机会不平等，参与程度还较低，具体表现为：

1. 参与范围窄。

从空间范围看，区位条件是影响贫困人口怎样获利及是否获利的重要因素。在村寨旅游开发过程中，地理位置不同的村寨参与情况差异较大，

其获利情况也有显著差异。远离核心旅游吸引物，地理位置较为偏僻且相对贫困的村寨村民难以参与到村寨旅游开发中来，获益较少，还可能要承受旅游发展所带来的外部经济效应的负面影响，生活困难。

2. 参与层次不高。

由于村寨贫困人口普遍文化素质不高，在旅游开发决策与规划、监督与管理等较高层次的活动中往往缺乏话语权；即使有机会参与，也是村寨个别代表象征式出席，贫困村民很难真正参与村寨旅游开发并从中受益。

3. 参与效益有限。

由于民族村寨贫困村民信息资源落后，对村寨旅游了解程度低，实际参与旅游主要在服务业、建筑业方面，有少数参与经营，而景区管理决策等高层次的工作往往由外来人员从事，因而收入增长有限。

（二）广西少数民族村寨旅游扶贫效应感知

旅游扶贫效应感知是指旅游目的地居民对旅游开发所引起的生活变化的态度和感知。少数民族地区村民是当地村寨旅游开发重要利益相关者之一，他们对旅游业发展的感知和态度对当地旅游业的发展成功与否有着至关重要的作用，明确他们对当地旅游业发展的感知和态度，将有利于减免旅游发展中利益相关者之间的冲突。

第一，对经济效应的感知。经济效益是旅游扶贫效益的重要部分。通过对几个典型的少数民族村寨村民的访谈，大部分村民认为旅游开发对地区经济发展有重要作用。突出表现在村民人均收入增长、村寨剩余劳动力转移到旅游行业等方面。

第二，对社会效应的感知。从被调查地的少数民族村寨来看，无论是参与到旅游开发中的村民还是未参与的村民都高度认可在旅游扶贫中实施的工程使少数民族村寨基础设施建设得到前所未有的改善；但是对于地区知名度提升、对外信息交流、生活方式和风俗习惯及传统文化保护的影响并不是很明显，村民总体持中立态度。

第三，对环境效应的感知。环境效益也是影响旅游扶贫效益的重要因素，环境效益既要反映旅游对当地环境的保护作用，也要反映对环境的负面影响。广西多数特色村寨居民对旅游的正面环境效益感知明显，认为旅游扶贫开发改善了村里的环境卫生状况，并未对当地环境污染造成一定的影响。

四、广西少数民族村寨旅游扶贫效果优化的对策建议

（一）探索合理有效的利益分配机制，实现包容性发展

少数民族村寨旅游扶贫效果优化关键在于探索合理有效的利益分配机制，实现包容性发展，让一般农户特别是贫困户能够从旅游发展中实实在在的受益。对尚未开发的少数民族村寨，引导、鼓励发展少数民族村寨旅游专业合作社或者兴办集体所有的旅游公司，通过资源入股、投工投劳、租赁或分红等多种模式实现贫困户和一般农户普遍参与旅游开发。

（二）坚持先保护再发展，优规划重执行

发展少数民族村寨旅游要坚持先保护再发展的原则，对少数民族村寨的旅游资源进行划分，通过规划促进有序开发。对不可逆资源的开发一定要慎重行事，条件不成熟可以先保护起来，等条件成熟以后再开发；对可逆的旅游资源开发也要适度适量。科学规划村寨发展，努力实现多规合一，提升规划的整体性。少数民族村寨发展规划在编制过程中要尊重村寨群众的主体地位，充分调动群众的创造性和积极性，结合传统村规民约习俗将村寨发展规划变为群众高度认可、自觉维护的行动纲领，提高村寨发展规划的执行力。

（三）大幅提高可进入性，加大基础设施建设

进一步加快路网建设和水运基础设施建设，大幅提高少数民族村寨的可进入性，整合资源，重点完善有优质景区景点依托旅游发展潜力大的少数民族村寨交通基础设施；结合美丽乡村建设，统筹规划旅游基础设施建设，建设综合性游客服务中心，加强少数民族村寨村容村貌整治，改善供电、供水、消防、通信、环境卫生等基础条件，逐步优化少数民族村寨乡村公路、村屯步道、自行车道、标识标牌等交通服务体系，因地制宜建设停车场，改善停车条件。充分利用沼气池等技术改厕，引导少数民族村寨开展"厕所革命"。

（四）加强金融支持力度，多渠道筹措资金

进一步深化农村金融改革，发挥各类金融机构服务当地经济发展和扶贫开发的重要作用，推进市场信用体系建设，鼓励发展社区银行、村镇银行、农村资金互助社等新型金融机构，引导和鼓励金融机构在重点景区景点村寨增加网点配置，扩大信贷资金和金融产品的投入。进一步完善落实鼓励贫困地区农村青年、妇女、残疾人创业小额信贷政策。争取更多的银行贷款、非政府组织资金、各类慈善基金投入旅游扶贫。加强干部和贫困

群众的金融知识培训，推进村级金融服务终端和贫困户信用评级体系建设。创新投融资体制，进一步引入社会资本参与旅游扶贫移民新村、金融扶贫项目以及产业扶贫项目建设。探索利用互联网金融众筹等方式解决少数民族村寨旅游的发展资金问题。

（五）避免同质化竞争，努力实现百花齐放

发展广西少数民族村寨旅游，要因地制宜、量体裁衣，深度挖掘村寨自身文化特点和比较优势，综合考虑民居特色、产业支撑、民族文化、人居环境、民族关系等因素，主动走个性化发展道路，努力实现少数民族村寨旅游的百花齐放。在深入保护和传承非物质文化遗产的同时，大力提升文化品位，提高旅游体验质量，将休闲旅游与文化生活体验结合起来。鼓励艺术工作者和研学机构发挥自身专业能力优势参与少数民族村寨旅游的开发，提升少数民族村寨旅游产品的品质和艺术品位。

（六）发挥旅游带动作用，培育特色产品品牌

大力发展文化旅游产业，充分发挥广西少数民族村寨山清水秀生态美优势和民族文化品牌优势，积极开拓新产品新业态，推动文化旅游产业科学跨越发展，把生态优势转化为发展优势。发掘优秀民族民俗文化，以民间形式开展多种节庆活动，丰富群众文化生活，激活本地旅游需求，提升旅游扶贫。大力发展农家乐、家庭旅馆，合理布局土特产超市、休闲农业园等旅游项目，大幅提升旅游接待能力。以旅游业为纽带，根据资源禀赋和市场需求打造特色农产品和手工产品，有条件的地方整合其他村寨土地资源适度发展农产品加工业。

（七）主动适应信息化，努力抱团发展

大力实施宽带进村入户，大幅度提高少数民族村寨宽带普及率和无线网络的可利用率，积极引进专业电子商务公司参与少数民族村寨旅游的发展，支持有条件的少数民族村寨建设旅游扶贫电商平台，整合涉农电商平台资源，大力发展少数民族村寨电子商务，建设少数民族村寨电子商务服务和支撑体系。加快实施"快递下乡"工程，支持快递物流企业、电商企业增设配送设施设备，在重点少数民族村寨建立快递服务点。努力从事农产品运输的企业和个人探索运输方式创新，实现订单农产品直接进城入户。

政府部门要发挥引导市场的职能作用，促进少数民族村寨旅游和知名景区景点的抱团发展，开展旅游扶贫宣传推广活动，帮助少数民族村寨形

成个性化特色，策划开展有民族特色地方特色的节庆活动，合理安排节庆时间，促进节庆旅游消费。鼓励各大电商平台开展旅游电商扶贫行动，对重点少数民族村寨进行在线宣传推广、特产销售、旅游线路营销等。

（八）内挖外引聚人气，不拘一格选人才

鼓励少数民族村寨农民工返乡创业，利用返乡农民工带回的资金、技术和经营技巧参与村寨旅游开发或者种植业、养殖业等创业项目。将加大人才培训作为落实精准扶贫的重要抓手，以需求为导向，组织实施少数民族村寨人力资源开发计划，分级分类加强对少数民族村寨贫困户、村干部、致富带头人、旅游经营户、从业人员的培训。要实现对旅游从业人员培训全覆盖，整合各部门的培训资源，增强少数民族村寨和贫困户持续发展后劲。

积极发挥社会扶贫的作用，鼓励有资质的旅游规划机构、各类智库和结对定点帮扶单位免费为少数民族村寨编制示范性的旅游规划、指导旅游扶贫开发。搭建"村企共建"平台，加强少数民族村寨村集体与企业或者农民专业合作社合作，通过资产收益扶贫、基地带动、订单合同收购等方式促进贫困户增收脱贫，鼓励各类企业支持少数民族村寨规划、开发、信息化建设与宣传营销。积极稳妥开展少数民族村寨扶贫志愿行动，鼓励和支持各界人士深入到少数民族村寨开展创业和技术技能培训等相关服务。实施少数民族村寨荣誉村民制度，对在少数民族村寨旅游开发中有重大贡献的个人和组织进行表彰，给予有重大贡献的个人"荣誉村民"称号，荣誉村民应当与当地村民一样享受景区景点的免票待遇。

（课题组组长：覃娟。课题组成员：潘文献、杨昌雄、刘建文、张健、冼奕、王红梅）

梁艳鸿等

广西精准扶贫成效监测与评估体系研究

【摘要】广西作为全国脱贫攻坚的主战场之一，已经进入打赢脱贫攻坚战的冲刺期。这个时期的精准扶贫有"十二五"扶贫开发的阶段性成果作为基础以及统筹性更强、效率性更高的系列扶贫政策作为支撑，同时面临扶贫对象脱贫速度下滑、相对贫困与区域贫困特征明显、扶贫资源渗漏严重与脱贫边际效益下降、"数字脱贫"与"戴帽炫富"等挑战并存的问题。要实现2020年全面脱贫，贫困县、贫困村脱贫摘帽和贫困户销号退出，必须有序精准地推进，否则会带来严重的经济社会发展隐患和社会矛盾冲突。建立健全广西精准扶贫成效监测与评估体系，对于稳步实施脱贫摘帽计划和如期实现全面脱贫目标具有重要的现实意义。

【关键词】扶贫成效　监测　评估　体系

一、广西现有的精准扶贫成效监测与评估体系分析

广西目前已经建立了较为完善的精准脱贫摘帽核查验收标准和认定程序，侧重考核脱贫指标完成情况，从结果上反映精准扶贫的阶段性成效。但是精准扶贫成效动态监测与评估相对不足，不利于及时了解和全面掌握精准扶贫的综合效果。

（一）精准脱贫摘帽核查验收标准

1. 贫困户脱贫摘帽"八有一超"标准。

"八有"指有收入来源、有住房保障、有基本医疗保障、有义务教育保障、有路通村屯、有饮用水、有电用、有电视看，"一超"指年人均纯收入超过国家扶贫标准（2010年2300元不变价）。

2. 贫困村脱贫摘帽"十一有一低于"标准。

"十一有"指有特色产业、有住房保障、有基本医疗保障、有义务教育保障、有路通村屯、有饮用水、有电用、有公共服务设施、有电视看、有村集体经济收入、有好的"两委"班子，"一低于"指贫困发生率低

于 3%。

3. 贫困县脱贫摘帽"九有一低于"标准。

"九有"指有特色产业、有住房保障、有基本医疗保障、有义务教育保障、有路通村屯、有饮用水、有电用、有公共服务设施、有社会救助，"一低于"指农村贫困发生率低于 3%。

（二）精准扶贫成效动态监测与评估存在的问题

一是扶贫成效监测与评估内容缺乏本土元素。同全国其他多数地区一样，广西的贫困线标准执行国家贫困线标准，贫困监测评估依据主要使用国家硬性指标，在监测评估内容设计上还需增加更多本土元素。二是扶贫成效监测与评估方法相对单一。广西以往较长时期内实行单一扶贫模式，导致与之伴随的扶贫成效监测与评估方法相对单一，现已不能适应脱贫攻坚工作要求。三是扶贫成效监测与评估指标体系有待完善。脱贫攻坚背景下的精准扶贫成效监测与评估是多维性、综合性、动态性的，不仅要对扶贫项目实施效果进行监测与评估，还要将扶贫资金使用效率、群众满意度、扶贫辐射带动效应等因素纳入监测评估范围。四是扶贫成效监测与评估工作机制不够健全。主要表现为扶贫信息化建设尚未实现，扶贫成效评估制度不够完善，扶贫成效监测与信息反馈机制缺乏，扶贫对象参与扶贫成效监测与评估机制失灵。

（三）脱贫攻坚新阶段对精准扶贫成效监测与评估的要求

1. 贫困状况监测与扶贫成效评估并重。

进入脱贫攻坚阶段，精准扶贫成效监测与评估的基本要求，就是在建立有代表性的农村贫困监测调查网点和完善监测调查制度的基础上，完善农村贫困监测数据质量评估制度，构建反映复杂贫困状况和扶贫开发成效的综合指标体系，将贫困户、贫困村、贫困县的基础数据、扶贫措施、扶贫项目、扶贫计划、扶贫资金等纳入监测与评估范围，做到贫困状况监测与扶贫成效评估并重，监测资料与扶贫成效公开透明。

2. 扶贫统计监测与评估主体趋于多元化。

随着精准扶贫的不断深入，扶贫政策红利不断释放，扶贫资金叠加效应不断增强，扶贫项目覆盖范围不断扩大，仅仅依靠传统考核方式已经难以实现扶贫成效的全面性评估。对此，充分发挥社会各界在扶贫统计监测与评估中的作用，形成多方力量与多种模式有机结合、互为支撑的工作网络体系势在必行，精准扶贫成效监测与评估主体也必然呈现出多元化的发展趋势。

3. 扶贫成效监测与评估指标要突显体系化要求。

作为一项系统性工程，精准扶贫涉及各项扶贫开发政策的方方面面，以及财税金融等相关领域，在兼顾各项改革系统设计、统筹试验、协同推进前提下，争取更好的制度创新绩效，才能为脱贫攻坚提供更强劲的动力。较之于以经济收入为单项指标的传统贫困衡量标准，脱贫攻坚形势下的多维动态复杂贫困状况迫切要求精准扶贫由传统思维转向系统思维，全方位监测与评估贫困状况、扶贫成效。与之相适应，精准扶贫成效监测与评估指标也需实现体系化发展，实现定性分析与定量分析相结合。

4. 扶贫成效监测与评估范围要表现出动态性和差异性。

扶贫成效监测与评估离不开贫困监测与评估，贫困监测与评估离不开贫困标准，其范围随着贫困标准变化而表现出动态性。这就要求精准扶贫成效监测与评估范围进行相应拓展，广西可考虑研究扶贫标准增长机制，根据经济社会发展趋势制定高于国家贫困标准的扶贫标准，体现精准扶贫成效监测与评估范围的动态性和差异性，以长效机制保障精准脱贫持续性水平。

二、我国其他省份的主要做法及启示

（一）贵州省的主要做法

贵州省毕节市提出了贫困户脱贫"四有五覆盖"的标准，在贫困户年人均可支配收入稳定超过当年国家贫困标准的基础上，贫困户应达到有安全饮水、安全用电、安全住房和就业技能，实现入户路和院坝硬化全覆盖、农村社会养老保险全覆盖、农村合作医疗及医疗救助全覆盖、教育资助政策全覆盖、拥有一项以上增收产业全覆盖的标准，才可视为达到了贫困户退出标准。

（二）四川省的主要做法

四川省制定完善了《四川省市（州）、贫困县党委和政府脱贫攻坚工作年度考核办法》和《四川省贫困县贫困村贫困户退出实施方案》，规定贫困户"一超六有"脱贫标准，贫困村"一低五有"退出标准，贫困县"一低三有"退出标准，形成了"1＋1＋17"考核评价体系，实现了定性指标与定量指标、脱贫数字与群众评价相结合，简明清晰、操作性强，评估结果全面客观、真实可用。

（三）湖南省的主要做法

湖南省设置了"一超过，两不愁，三保障"共 6 项脱贫标准。"一超"即家庭当年人均纯收入稳定超过国家扶贫标准。"两不愁"即"不愁吃"，指家庭成员常年食品支出由家庭自主保障或国家保障，饮水安全达标；"不愁穿"，指家庭成员常年服装支出由家庭自主保障或国家保障。"三保障"即基本医疗保障、义务教育保障、住房安全保障。各项指标达标后，还需经过村民主评议、乡镇入户核实、农户确认、乡镇公示、县抽查复核、省市评估核查、县批准公告的流程，最终再认定贫困户脱贫。

（四）对广西完善精准扶贫成效监测与评估体系的启示

1. 建立符合广西实际的扶贫成效监测与评估指标体系。

广西的贫困状况与其他省份既存在共性，也存在差异性，其贫困人口在致贫原因、家庭结构、贫困状况、生产生活条件、收入水平、发展需求与其他省份都不一样，设置扶贫成效监测与评估指标体系时，应充分考虑各项指标是否能反映本地区精准扶贫真实状况，而不是照搬其他省份的指标体系。

2. 重视对扶贫"效益外溢"的评估和扶贫绩效的沟通管理。

扶贫"效益外溢"主要是指扶贫资金或扶贫项目所产生的效益没有全部落实在贫困线以下的真贫困人口身上，其中一部分被贫困线以上的非贫困人口所享受。对于"效益外溢"，必须设置严格的容忍度。这个度，至少包括每个扶贫项目的选择、每笔扶贫资金的投入必须是与扶贫直接相关的，扶贫的受益人也必须绝大多数是贫困线以下的穷人及贫困线附近徘徊的低收入人群。相对其他省份而言，广西现有的脱贫摘帽评估标准，在一定程度上满足了这一要求，但还有较大改进空间。

3. 尽可能提高扶贫成效监测与评估结果的准确性、可应用性。

扶贫成效监测与评估结果是衡量精准扶贫成败的重要参考，必须注重结果的准确性和可用性。由于监测评估工作的复杂性和专业性，贵州、四川、湖南等省份的扶贫成效评估还引入了第三方评估，在考评方式上采取专项调查、抽样调查和实地核查多种方式对相关考核指标进行评估，使评估结果公正、客观、规范，得到的脱贫指标数据更可靠，其做法和经验值得广西借鉴。

4. 构建利于及时处理反馈信息和动态调整扶贫措施的体制机制。

贵州、四川、湖南等省份都强化对贫困人口的动态管理，探索构建利于及时反馈信息和动态调整扶贫政策的长效机制。这些针对帮扶对象考核及退出实施连续监测、动态管理的措施，使扶贫监管和开发部门能够及时了解群众脱贫和返贫的最新情况，有针对性调整帮扶计划，取得了显著成效。广西应在深入推进精准扶贫与精准脱贫实践当中，积极借鉴其他省份的成功经验，不断完善利于及时处理反馈信息和动态调整扶贫措施的体制机制，切实提高精准扶贫效率与精准脱贫质量。

三、广西精准扶贫成效监测与评估体系改进的对策建议

（一）完善精准扶贫成效监测与评估框架设计

1. 完善精准扶贫成效监测与评估的瞄准机制。

一是尽快调整贫困线识别标准。二是研究建立扶贫标准增长机制。创造条件加强相关前瞻性研究，在科学监测与评估精准扶贫成效的基础上，综合国内外理论与实践经验，提前做好相对贫困及其政策优化的预测与评估，提高精准扶贫可持续性水平。三是着眼于精准扶贫工作实际和未来发展，改进基层贫困监测，探索建立适应新形势的贫困监测指标体系，为完善精准扶贫成效多维动态监测与评估指标体系提供参考，加快形成动态准确的扶贫目标识别和瞄准机制，提高精准扶贫监测与评估工作效率。

2. 完善精准扶贫成效多维动态监测与评估指标体系。

结合广西当前贫困人口的地域分布相对集中，生存环境恶劣，资源匮乏，基础设施落后等现实，建议从以下几个方面入手建立扶贫成效监测与评估体系：一是完善低收入农户指标追踪、致贫因素缓解状况、扶贫项目及政策落实情况，实现精准扶贫监测精细化管理；二是完善低收入农户集中村的教育和医疗负担、致贫因素、生产资源、劳动力等相关指标，为有针对性地开展结对帮扶和项目帮扶提供依据；三是完善贫困县贫困类型、特征、贫困人口流动等相关指标，为开展大规模区域扶贫工作服务。

3. 创新精准扶贫成效动态监测与评估的方式方法。

一是继续贯彻落实源头数据现场采集制度，把好数据入口关。二是推广使用月回忆记账等统计监测方法，提高扶贫统计监测与评估效率。三是通过课题招标等形式做好数据深度分析，提高监测与评估结果的科学性。四是建立精准扶贫成效监测与评估的大数据支持机制，增强数据的高维计量性以及可分析性，同时运用信息共享平台，提高同点到达、同步动态监

测与评估的效率，实现精准扶贫成效监测与评估智能化管理。

（二）完善精准扶贫成效监测与评估目标管理机制

1. 完善以识别贫困户为核心的监测与评估机制。

一是进一步推进贫困人口识别和建档立卡工作，建立和完善贫困户的动态监测信息系统。二是建立健全针对特殊贫困对象的扶贫成效监测与评估机制，尤其要重视对老弱病残等弱势群体帮扶效果的监测与评估，为实现低保线与扶贫线"两线合一"、低保制度与扶贫制度的有效衔接提供最真实的数据支持和事实支撑。三是建立以贫困动态监测为基础的风险预警机制，重点监测生产生活条件脆弱性较高的贫困对象。

2. 优化扶贫项目的跟踪监测与评估机制。

一是建立健全扶贫项目监测与评估管理制度。二是完善扶贫项目过程性监测与评估机制，重视扶贫项目前期论证、评估和审批，以及扶贫项目实施进度、质量、资金到位情况和规范使用情况等跟踪监测。三是规范扶贫项目验收制度，强化扶贫项目结项后的跟踪监测机制，使得扶贫项目的效果评估更具可持续性、更加客观合理。

3. 完善扶贫资金分配使用管理的监测与评估机制。

继续以扶贫资金分配使用管理为精准扶贫成效监测与评估的重要目标，多途径完善配套体制机制。一是建立健全符合广西发展实际的财政扶贫资金管理监测信息系统，不断完善自治区级、市级、县级财政扶贫资金管理与监测机制。二是完善扶贫资金专项监测与评估程序，形成规范化、制度化的资金监察机制，避免在资金统筹整合、分配使用管理过程中出现扶贫资金"漏出"。三是完善扶贫资金管理监测系统预警和反馈机制，与脱贫攻坚数据大平台实现无缝对接，及时反馈财政扶贫资金投向情况、使用情况以及对应扶贫项目实施情况。

4. 强化党委和政府扶贫开发绩效的考核与评价机制。

以强化党委和政府扶贫开发绩效的考核与评估机制为基础，进一步完善干部考核与扶贫成效评估互补机制。一是进一步强化和完善考核体制建设，建立专门的扶贫攻坚考核机构。二是进一步完善考核体系和考核指标，建立和完善考核机制中的目标动态调整机制，根据贫困的发展变化，适时调整各类考核指标。三是进一步完善考核方法和程序，将上级组织对下级组织考核与下级对上级的考核紧密结合起来，通过第三方评估提升贫困县考核机制实施效果真实性和认知度。

（三）完善精准扶贫成效监测与评估工作推进机制

1. 建立精准扶贫成效定期调查与研讨机制。

一是在开展精准扶贫成效监测与评估工作当中，配套建设动态的调查和研讨制度。二是建立精准扶贫成效监测与评估联席会议制度，推动精准扶贫工作合力的形成。三是建立精准扶贫成效监测与评估季度专题研讨制度。

2. 构建精准扶贫成效监测与评估的信息反馈机制。

一是整合原有扶贫信息系统，加快推进扶贫攻坚大数据平台建设。二是各市县应尽快完善贫困户信息网络系统。三是搭建社会扶贫信息服务平台。四是完善贫困地区信息传递系统。

3. 健全精准扶贫成效监测与评估结果的转化应用机制。

一是完善扶贫成效监测与评估报告形成机制。二是提高扶贫成效监测与评估结果的决策咨询效益。三是完善将扶贫成效与地方政府绩效、扶贫资金分配、主要责任人职务升迁等挂钩的制度，建立相应的奖惩机制。四是健全扶贫成效监测与评估结果公告公示制度，落实群众参与权、知情权和监督权。

4. 完善基于动态监测与评估精准扶贫成效的退出机制。

一是拓展贫困动态监测与评估的深度和广度，根据经济社会发展水平适时调整广西贫困线标准。二是在有序推进贫困户、贫困村、贫困县退出过程中，重视分析贫困退出存在的不稳定性和脆弱性因素，加大对脆弱群体和潜在贫困群众的监测。三是实施精准扶贫成效长效性监测与评估，探索建立脱贫后续跟踪监测机制、返贫现象预警与评估机制、贫困户家庭经营市场风险分担机制以及返贫户紧急救助机制，促进脱贫人口生计资源的精准配置，全面保障脱贫人口的可持续发展与脱贫成效的长期性巩固。

5. 拓展多元化主体参与精准扶贫成效监测与评估的平台。

一是完善精准扶贫成效监测与评估多部门协作机制，加强各领域各部门的协作交流，实现相互提高业务工作效率与加强各部门监测评估数据信息沟通的有效衔接，切实提高监测与评估结果的准确性、科学性。二是积极搭建社会参与的有效平台，鼓励各级政府创新购买社会扶贫服务，广泛动员社会组织和社会公众积极参与，积极引入第三方评估，充分发挥各自优势，全力提升精准扶贫成效监测与评估工作实效。三是拓展贫困群众参与精准扶贫成效监测与评估的渠道，充分保障贫困群众的话语权、参与权、知情权和监督权，既要保障整个监测与评估过程的透明度和"接地气"，又要提高贫困群众自我评价满意度与"第三方"调查产生的"群众满意度"之间的契合程度，全面保障评估结果的权威性。

（课题组组长：梁艳鸿。课题组成员：谢国雄、覃娟、解桂海、王红梅、马静、卞克文、邵雷鹏、莫光辉、谢胜、林家豪、黄境初）

文化篇

冼奕等

对外开放合作中广西外宣工作的
体制机制研究

【摘要】 随着国家"一带一路"倡议的深入推进，以及广西北部湾经济区开放开发上升为国家战略和中国—东盟博览会永久落户南宁，作为我国面向东盟的国际大通道、西南中南地区开放发展新的战略支点和21世纪海上丝绸之路与丝绸之路经济带有机衔接的重要门户，广西迎来了前所未有的发展机遇。由此，广西如何顺应全面对外开放合作的新形势，充分发挥"广西渠道"作用，做好对外宣传工作，特别是如何创新对外宣传工作的体制机制，讲好广西故事，传播好广西声音，阐释好广西特色成为当务之急。

【关键词】 广西故事　开放　合作

一、广西对外宣传工作体制机制概况

（一）工作体制

当前，广西主要负责对外宣传工作的职能机构是中共广西壮族自治区委员会对外宣传办公室，也叫广西壮族自治区人民政府新闻办公室，"两块牌子一班人马"，受自治区党委、自治区人民政府双重管理的行政机构。与此同时，自治区部分厅、局、委、办设置有专门负责本领域对外宣传、对外交流和对外合作工作的部门，例如自治区外事办的新闻文化处、自治区文化厅的对外交流处、自治区新闻出版广电局的对外合作处、自治区教育厅的国际交流与合作处、自治区旅发委的市场推广处、广西国际博览事务局等。在各市县的宣传、新闻、文化、旅游系统也有相对应的工作职责和工作内容。此外，广西电视台国际频道、广西人民广播电台新闻频道、广西民族大学东南亚语言文化学院、广西大学中国—东盟研究院、广西社会科学院东南亚研究所以及民族研究所等媒体、高校和科研院所也承担或部分承担了对外宣传的工作和任务。

（二）工作机制

新时期广西对外宣传工作的重点对象是东盟国家和粤港澳台地区，按照中央外宣办的要求和自治区党委、自治区政府的部署，重点围绕八个方面内容进行：积极开展广西经济社会发展情况的对外宣传；着眼于机制建设，大力加强党委、政府新闻发布工作，进一步推进党务和政务公开；把握维护国家安全和社会稳定这个根本，不断提高应对突发事件的舆论引导水平；加强制度、队伍建设，积极推进互联网新闻宣传和管理工作，科学引导网络舆论，多措并举推动网络文化建设；以重大活动为平台，积极开展系列对外文化交流和文化外宣活动；积极抓好外宣精品创作和对外宣传活动，为塑造广西对外良好形象服务；切实加强外宣阵地建设；构建大外宣格局，发挥对外宣传整体合力。

近年来，广西对外宣传工作取得了丰硕成果。一是稳步推进新闻发布制度建设。建立健全新闻发布制度，加强新闻发言人队伍建设，不断提升新闻发布水平。二是积极协调重大活动外宣工作。积极协调中国—东盟"两会"、"开放的中国：广西与世界同行"全球推介活动、意大利米兰世博会中国馆广西活动周等重大活动的对外宣传，进一步提升广西文明开放新形象。三是认真谋划大型主题外宣活动。配合国家周边外交战略的实施，认真谋划开展以中国梦、"一带一路"为主题的外宣活动，如"寻找喀斯特神话，走进天作之美"全国重点网络媒体广西世界地质公园探访活动、海外华文传媒高层广西行等，积极促进对外文化交流合作，对外讲好广西故事，传播好中国声音。四是精心打造外宣特色品牌和外宣精品。积极拓展同唱友谊歌——中越歌曲大赛、美丽神奇的广西摄影大赛、纪录片《光阴的故事》等外宣品牌，并且还编撰和出版了一批介绍广西的自然风光、物产资源、文物古迹、民族风情的外宣精品，例如《广西：美丽神奇的地方》（外文出版社，2006 年）、《广西概览》（外文出版社，2010 年）、《Window on Guangxi》（中文书名：《广西之窗》）等书籍，不断提升广西的知名度、美誉度。五是大力拓展国际传播能力建设新通道。组织实施以东盟国家语言译制播出优秀国产影视剧目，推动自治区主要媒体探索实施境外"本土化"。

二、目前广西对外宣传工作体制机制中存在的问题与面临的挑战

尽管广西在对外宣传方面做了不少的努力和有益的探索，也取得了一

些成效。但客观地讲，由于该项工作起步较晚，经济社会发展基础薄弱，广西的对外宣传工作存在着种种内部的问题，面临着重重外部的挑战。究其原因，是因为广西的对外宣传工作的体制机制不够健全和完善，尚不能够完全适应大开放大开发的外部环境要求。

（一）存在的问题

当前，广西在对外宣传中工作中的协调机制、各级政府和部门的对外新闻发布机制、重大突发事件对外新闻报道应急机制、对外宣传信息反馈机制、对外宣传工作激励竞争机制都不健全。特别是广西的信息反馈机制不够灵敏是影响对外宣传质量的重要原因。以电视节目制作为例，随着广西整体经济实力的不断增强以及媒体视野和意识的进一步开拓和提高，各家电视台进行对外宣传的方式也日趋多样化，有节目联合制作、节目交换、节目输出、人员交流以及举办各种媒体活动来促进沟通，也有通过整频道在境外落地来给予海外观众对广西更为直接的感观认识和视觉冲击。工作虽然做了很多，但我们必须清醒地认识到，所有这些努力在国外宣传的效果实际的影响力还是十分有限的。究其原因，主要是这些电视节目在语言翻译能力差、"说教"味太浓、电视制作理念上存在差异、宣传报道方式上有差别、节目缺乏品牌和包装等。假如没有建立起对外宣传信息反馈机制或者信息反馈机制不够灵敏的话，这些问题势必不能够引起电视台的高度重视，而电视台也势必不能够及时对节目做出调整，从而导致人力、物力和财力成本白白地浪费掉，并且其对外宣传的效果也大打折扣。这样的机制将会极大地困扰着广西对外宣传事业的发展。

（二）面临的挑战

从总体来讲，广西对外宣传工作所面临的挑战主要来自外部，即需要适应新常态，构建"一带一路"对外开放的新格局。如今经济全球化进入了深度的分工协作和融合阶段，习近平总书记指出："我国已经进入了中华民族伟大复兴的关键阶段，中国与世界的关系发生深刻变化，我国同国际社会的互动互联也已变得空前紧密，我国对世界的依靠，对国际事务的参与在不断加深，我们观察和规划改革发展，必须统筹考虑和综合运用国际国内两个市场，国际国内两种资源，国际国内两类规则。"中国需要适应现行经济下滑的趋势，由于我国经济结构向较高层次调整及产业的转型升级，短时期内经济发展减速是不可避免的。需要我们加大自主创新力度以及全方位构建"一带一路"对外开放新格局，向沿线有需求的国家"走出去"，用我们雄厚的资本和先进的技术与沿线国家在装备制造、基础设施、电力设备等各个领域开展合作与竞争，既能够带动我国经济优化升级，也可以为"一带一路"沿线国家经济带来难得的发展机遇。随着我国综合能力的提升，我们有能力把"一带一路"打造为区域经济新平台，让沿线国家搭上中国经济腾飞的"顺风车"，共享区域经济发展的新成果。为此，相关部门和有关领导必须要适应新常态下的构建对外开放的新格局，做好"一带一路"的对外宣传工作，让沿线国家官员和普通老百姓更加清楚地了解和积极参与这一重大决策和国际倡议中来。

从世界经济发展来讲，虽然目前我国的"一带一路"倡议得到了沿线大多数国家的响应，但不可否认的是，沿线一些国家的民众对中国发展的认识还存在误区，造成当地政府对同中国合作心存犹豫。对沿线国家和民众开展对外宣传时，除了讲明中国与沿线国家的经贸合作与基础设施建设合作的必要性、互利性和可行性外，更重要的是让他们了解中国的"一带一路"倡议不是一个自利的或以邻为壑的构想，而是一个互利互惠、共享共赢的合作框架，在我们得到发展机会和利益的同时，他们会得到更多发展机会和利益。让他们了解中国"一带一路"建设的意图，建设时间表和线路图，扩大利益契合点，减少沿线国家政府和民众对我们的猜疑和提防。要了解当地人民需要什么，分清所在国政府与所在国人民的想法是否一致，让我们的对外宣传更接地气，更能满足当地人民的需要。

从国际文化交流来讲，在更大范围内增进民心相通。"一带一路"国家处于东西方多个文明交会的地区，不同民族与种族的矛盾与冲突，呈现易突发、多样性、复杂化、长期化的特点，这些因素使得"一带一路"倡议的推进可能面临文化、宗教方面的冲突。通过对外宣传，可以促使沿线国家和民众对中国的认识、理解与信任，让他们能够了解真实的中国，了解中华文明"和而不同"的和平包容精神，了解中国古丝绸之路的合作、互鉴和共赢的文化传统，消除沿线国家对中国是否存在文化扩张的疑虑。

三、关于创新广西对外宣传工作体制机制的思考

一直以来，对外宣传的机制和体制不健全是制约广西对外宣传发展的瓶颈。我们必须研究建立新的外宣体制和外宣机制，推动广西对外宣传工作不断开创新局面，同时为对外开放合作中讲好"广西故事"提供制度

保证。

（一）创新对外宣传工作体制的建议

在创新体制方面，当前我们要建立规范、畅通、协调的大外宣体制，同时，还要突破"计划经济意识"外宣模式，建立起市场化的外宣模式。

要牢固树立大外宣观念，构建大外宣格局，形成大外宣体制。习近平总书记强调，要树立大宣传的工作理念，动员各条战线各个部门一起来做，把宣传思想工作同各个领域的行政管理、行业管理、社会管理更加紧密地结合起来。大外宣格局就是由对外宣传工作领导小组统一领导，党委宣传部统一协调，对外宣传办公室具体负责，涉外部门各负其责，社会各方面积极参与的格局。它要求各级党委、政府要高度重视外宣工作，切实加强对外宣工作的领导，真正把外宣工作摆上重要议程，主动研究、及时指导、亲自参与并利用各种机会做好外宣工作。外宣工作只有得到各级领导的重视，才能得到有力的支持，才能获得健康发展的良好环境。外宣工作是一项综合性的工作，不仅仅是对外宣传部门的事，是全社会、各级各部门的责任和义务，需要上上下下、方方面面的积极参与，密切配合。要把对外宣传与对内宣传紧密结合起来，把外宣部门的力量与社会各方面的力量紧密结合起来，要利用一切涉外活动和经贸往来的机会，自觉做好外宣工作。要不断强化公众的外宣意识，使更多的人成为"广西故事"的讲述者。

（二）创新对外宣传工作机制的建议

当前需要建立起有效的对外宣传协调机制、各级政府和部门的对外新闻发布机制、重大突发事件对外新闻报道应急机制、对外宣传信息反馈机制、对外宣传工作激励竞争机制等五大机制。具体来说：

第一，要建立健全对外宣传协调机制。建议成立"广西对外宣传工作领导小组联席会议"（以下简称"联席会议"）。联席会议由自治区外宣办主办，主席由自治区外宣办主任担任，成员由相关政府部门、高校、科研院所以及主要新闻媒体和网站的负责人组成，成员单位包括自治区外事办、自治区新闻出版广电局、自治区文化厅、自治区教育厅、自治区旅发委、自治区网信办、广西国际博览事务局、广西大学、广西民族大学、广西社会科学院、广西电视台、广西人民广播电台以及各大中直驻邕新闻媒体，如新华社、中新社、人民日报社等。目的是在广西对外宣传方面，加强沟通协调，整合各方力量，扩大对外宣传资源，提高对外宣传质量，提升对外宣传水平，主动适应大开放大开发的要求。建议制定外宣工作的策划制度，充分发挥外宣组织协调作用，定期或不定期地组织新闻媒体及新闻单位互通新闻宣传信息，策划新闻宣传战役，内外互动，资源共享，联合出击。策划好重大外宣选题，通过挖掘"独、特、罕、早"的新闻热点，进行广泛深入的宣传，吸引境外主流社会的注意力。主动策划举办大型主题外宣活动，积极邀请境外新闻媒体集中开展专题采访活动，适时提升新闻舆论引导能力。

第二，要建立健全定期的对外新闻发布制度，及时通报最新的经济社会发展成就，提高新闻发布的质量和权威性。同时遇到重大突发事件，政府应本着及时准确、客观、适度的原则，主动对外发布权威信息，以达到有效影响境外舆论的目的。

第三，要建立健全高效的应对突发事件的新闻宣传协调制度，确保我们在突发事件对外宣传报道中处于主动地位。

第四，要建立健全外宣品制作管理制度，推动外宣品逐步向系列化、规范化、精品化方向发展。外宣品在提高知名度和美誉度方面有着特殊重要的地位与作用。应增强外宣品的策划和制作水平，制作出有思想性、艺术性、针对性、知识性、趣味性、可读性、可视性、可听性的对外宣传精品。提高外宣品推介效果，利用中国—东盟博览会、中国—东盟商务与投资峰会等重大外事活动和重大涉外经贸活动，以及南宁国际民歌艺术节等大型节庆活动，发放和赠送外宣品，向东盟各国讲好广西故事、传播广西声音、展示广西新形象。

第五，要建立健全外宣成员单位和外宣新闻媒体通气会制度，及时传达上级精神，通报工作情况，交流信息，下达对外宣传口径，确保我国对外宣传口径一致、上市一致。

第六，要建立健全对外新闻网站管理制度，形成政府监管、行业自律与公众监督相结合的管理格局。健全地方性网络法规，依法规范网络新闻及信息传播。开展文明网站评选和网络法制道德教育，倡导文明办网、文明上网。加快成立互联网协会，推动互联网业界加强行业自律。加强网络人才队伍建设，提高从业人员外宣业务水平。有针对性地对网络从业人员开展互联网法律法规、方针政策和业务知识培训，提高网站人员的政治素养和法律意识。

第七，要建立起有效的对外宣传反馈机制，使得外宣单位与新闻媒体能够实时掌握外宣动态，并在第一时间根据受众反馈的信息做出及时调整，让受众在互动和参与的过程中，了解正在发生的新闻和文化活动资讯，只有这样才能让对外宣传工作更接地气，更通人心，更提正气，这是我们当前外宣与媒体融合发展的主要目标。

第八，要建立起科学有效的对外宣传考核激励机制等奖惩机制，增强对外宣传活力。比如新闻界在评选优秀新闻时，适当增加对外作品的入围数量和获奖比例，或单独设立优秀对外作品奖项；改善对外宣传工作者的工作环境，提高他们的工资待遇，增加他们获得出名和深造的机会等，以此来提高对外宣传工作者的积极性。

（课题组组长：冼奕。课题组成员：邓莉莉、张健、陈红升、张先林、邵雷鹏）

蒲林玲等

新桂系抗战研究

【摘要】 本研究以历史的角度，客观、详细地梳理了新桂系的抗战思想与立场，回顾了桂系军队出征抗战的历史，详细解读了桂系军队在广西境内的知名战争及广西的大后方建设情况。

【关键词】 新桂系 抗战 建设

一、新桂系的抗战思想与立场

（一）日本侵华政策的制定与实施

1. "大陆政策"的由来与发展。

"大陆政策"是日本自明治维新后，立足于用战争手段侵略和吞并中国、朝鲜等周边大陆国家的对外扩张政策，是日本近代军国主义的主要特征和表现。日本"大陆政策"于 19 世纪 80 年代趋于成熟，并在 1894—1895 年的甲午战争中得以实施。

1927 年 7 月 25 日，日本首相田中义一提出了世界历史上罕见的极其露骨的侵略计划——"满蒙积极政策"，世称《田中奏折》，是"大陆政策"的发展。

2. 七七事变前的侵华历程。

从南京国民政府成立之后，日本就开始策划侵略中国。1931 年 9 月 18 日，日本关东军制造"柳条湖事件"，史称"九一八"事变。到 1932 年 2 月 5 日，东北三省及一个特区全部沦陷。1932 年 3 月 1 日，日本发表了"建国宣言"，宣布伪满洲国的成立。1933 年 1 月 28 日，日本帝国主义蓄意制造了"一·二八"事变，5 月 5 日，中日双方代表在上海英国领事馆签订了《上海停战协定》。1933 年 5 月 30 日，中日双方代表签署《塘沽协定》。1935 年 6 月 11 日，签署《何梅协定》。此外，日本还制造了"华北自治"事件、丰台事件、香河事件等加紧侵略中国华北。

3. 七七事变前日本在广西的活动。

"九一八"事变以后的两三年内，日本军、政、学各界要员访粤并到李宗仁私邸访问的，多至百余人。日本积极贩卖军火给广西，如为了支持两广反蒋活动，日本向新桂系出售两千万元的巨额军火。同时日本也积极向广西派遣政治、军事人员，出任顾问，去军校任教员，尤其是空军学校。

（二）新桂系的抗战思想

1. 李宗仁的"焦土抗战思想"。

"焦土抗战思想"主要包含：一是实行全面抗战，也就是整个民族生存的战争，是全民的战争。二是实行攻击战，即从被动的防御战，变为主动的进攻战。三是实行持久战，作有计划的、长时期的节节消耗战，经年累月，则日本必定失败。

2. 白崇禧的"持久战思想"。

白崇禧"持久战思想"于1938年初提出。他提出了"积小胜为大胜，以空间换时间"的新的战略方针，为蒋介石所赞同和采纳，并通令全国各战区执行。具体体现在由他主持制定的对日战争时期之指导大纲，将抗日阶段分为消耗战、持久战、反攻战三期。

3. 李、白的"全民族抗战思想"和自力更生思想。

李宗仁、白崇禧比较强调抗战应为全民族的抗战，要全民族积极参加战争，抗战才能够克服一切困难险阻夺取胜利。抗战胜利最主要的条件就是自力更生。同时要积极争取外援，尤其要加强同苏联的合作。

（三）新桂系抗战的坚定立场

"一·二八"事变爆发后，李宗仁等人公开支持十九路军的抗战。1932年，新桂系资助察哈尔抗日同盟军。1937年2月15日至22日，国民党在南京召开的五届三中全会上，李宗仁、刘湘等9人提出了加强救国运动的抗日救国案。1936年12月，新桂系在西安事变后有力地促使事变朝着和平解决的积极方向发展。1937年7月20日，李宗仁、白崇禧、黄旭初联名致电南京政府，坚决拥护抗战。

二、桂军部队的出征抗战

（一）桂军部队的组编与出征

1. 南京国民政府的抗战动员与战区划分。

1935年，国民党政府制定了《1935年度防卫计划大纲》，通过了全国征兵制法案，发布了《壮丁训练实施纲要》，订立了《县军训教育官遴选办法》。1937年8月7日，国民政府将全国划分为五个战区：第一战区以冀省和鲁北为作战区域；第二战区以晋察绥为作战区域；第三战区作战区域在苏南及浙江，冯玉祥任司令长官；第四战区作战区域在闽粤；第五战区为连接南北两战场而设。

2. 桂军部队的组编与奔赴抗日前线。

七七事变爆发后，桂军就把原来的14个团扩编为40个团，编成4个军，除了原第7军、第15军，另成立第31军，组成第11集团军。随着李宗仁出任第五战区司令，于1937年10月18日，把第7军和第48军另编为第21集团军。这两个集团军随后奔赴抗日前线。

（二）桂军部队在全国各大战区的征战

1. 桂军参加淞沪会战。

"八一三"上海抗战爆发后，第21集团军为第一路攻击军，从1937年8月21日晚开始，激战至25日，共伤亡2万多人，其中第170师副师长夏国璋牺牲，3个旅长牺牲，3人受伤。1937年11月5日，日军从杭州湾登陆，与第21集团军展开激烈战斗，第7军伤亡惨重，第170师4个团只剩1团半，第172师只剩1团2营。

2. 桂军鏖战津浦线与台儿庄大捷。

国民党政府以李宗仁为第五战区司令长官，指挥津浦路沿线的作战，取得了台儿庄大捷。1938年3月23日，日军千多人开始进攻台儿庄，被孙连仲的第2集团军歼灭过半。3月27日至4月1日双方交战十分激烈。4月2日，李宗仁下令对台儿庄发起总攻，全线出击。日军处于孤立和被中国军队包围之中，被迫突围撤退。此次战役，日军死伤1万多人以上。

3. 桂军投入武汉会战及其在湖北的抗战。

在武汉会战中，由第5战区李宗仁指挥江北，后由白崇禧代替。广西先后投入的部队有第7、第31、第48、第84军。桂军分别参加了太湖、宿松之战，黄梅、广济之战，以及围攻广济，拱卫田家镇等战役。武汉会战之后，中日战争进入相持阶段，李宗仁的第五战区发动了两次随枣会战。

4. 桂军在安徽的抗战与抗日根据地的政权建设。

1938年10月后，第21集团军在鄂豫皖交界一线坚持敌后游击战争到抗战胜利。1938年李宗仁出任安徽省主席，成立了各种抗日救国组织，设立"军政基层干部训练班"，整顿安徽财政等措施。廖磊接任省政府主席，采取了继续举办"安徽省政治军事干部训练班"、整顿财政经济、增加税收等措施。李品仙任安徽省政府主席，调整党政班子，成立党政军总办公厅；组织编练民团，继续强化和推行保甲制度等措施。

（三）抗战期间的新桂系与中共的关系

1. 抗战初期的联共政策。

七七事变以前，新桂系就同中共确立了共同抗日的政策。抗日战争爆发后，中共在桂林建立八路军办事处。中共领导人周恩来、叶剑英等同李宗仁、白崇禧联系密切。

2. 抗战相持阶段逐渐走向反共政策。

桂军积极配合蒋介石、何应钦向华中八路军、新四军展开全面进攻。李宗仁担任了华中"剿共总司令"。在第二次反共高潮中，新桂系在政治上也制造了一系列反共事件。皖南事变发生后，桂系封闭八路军驻桂林办事处，关闭桂林生活书店、读书生活社等进步文化团体，镇压中共地下党活动等。

三、桂军在广西境内的抗战

（一）桂南会战

1. 日本的战略意图与广西本土抗战准备。

1939 年末，日本开始准备大规模入侵桂南。其战略意图就是要切断桂越国际交通线，促使国民党政府崩溃和投降。抗战开始后，桂系当局积极采取各种措施应付日军的入侵：开展保卫广西的宣誓；扩充正规军，还组建学生军；成立或组训各种抗战组织；预先阻击破坏活动；等等。

2. 钦防海岸防御战。

1940 年 11 月 15 日，及川支队在企沙南面疏鲁海滩冒险登陆。钦防沿海中国守军两团不敌日军，日军随即分兵三路前进。西冀为及川支队，17 日由防城北上大直，国民党军 56 团不敌退入十万大山。中路今村支队 18 日攻下大寺，19 日占领那大塘。新 19 师 57 团不敌日军，退出小董，日军于 18 日占领小董，至此海岸防御战结束。

3. 第一次南宁攻防战。

各路日军于 1939 年 11 月 22 日傍晚抵达邕江南岸。11 月 19 日以后，31 军着手组织南宁保卫战。23 日，邕江两岸发生激烈攻防战。24 日，日军 48 架飞机轮番轰炸邕江北岸。25 日，据守凤凰岭的第 170 师和二塘的第 200 师遭日军前后夹击，战斗异常激烈。11 月 29 日，日军占领南宁。日军还占据了高峰隘和昆仑关。

4. 昆仑关战。

国民政府以第 5 军来进攻昆仑关，以荣誉第 1 师做正面进攻。1939 年 12 月 18 日荣誉 1 师发动进攻，控制了昆仑关大部分山头。19 日占领了昆仑关最高点。30 日基本肃清了昆仑关周围的日军据点和侧防机关。31 日新 22 师攻占昆仑关。此次战役，日军被歼 4000 余人，第 5 军及第 5 军指挥的配属部队伤亡 1 万余人。

5. 宾阳战役。

1940 年 1 月 10 日，日军 21 军司令部就在广州制定了《宾阳会战指导方案》，并在 2 月 1 日发起总攻。甘棠方面的日军向甘棠方面发起猛攻，如入无人之境。2 月 2 日下午，日军近卫混成旅团进入宾阳城。2 月 4 日，日军第 21 军司令官安藤利吉宣布宾阳会战结束。

（二）桂柳会战

1. 国际国内形势与日军我双方战略意图分析。

1943 年以来，国际法西斯势力面临着即将失败和崩溃的危险。在中国战场，国民党军力量逐步加强，军队已有 600 万人。1944 年 8 月 26 日，日本大本营专门设立第六方面军，总兵力达 15 万多人，调冈村宁次为司令官指挥入侵广西。而广西则由第四战区司令长官张发奎指挥夏威的第 16 集团军两个军和被调来的 10 个军的番号，约 14 万人。

2. 日军入侵桂北。

日军第 11 军于 1944 年 9 月开始入侵全州。9 月 11 日，日军 13 师团进攻全州，13 日，国民党第 93 军放弃全州。22 日，日军第 13 师团占领灌阳。27 日，日军第 3 师团赤池大队占领龙虎关。日军第 58 师团 10 月 1 日攻占兴安，21 日又攻陷灵川。日军第 3 师团于 11 月 2 日占领平乐，3 日占领荔浦。日军第 37 师团于 11 月 2 日占领恭城，3 日占领阳朔。日军第 58 师团于 11 月 2 日逼近桂林北郊。

3. 桂林保卫战。

日军第 40 师团于 11 月 8 日占领江东岸地区。9 日，日军第 11 军各部向桂林发起总攻。桂林守军激战至 10 日中午，北门被日军攻破。日军也攻破了东门，且向市中心突进。此后战斗即在市区内进行，直至下午 5 时左右，战斗才逐渐沉寂。此次战斗，中国守军牺牲 5665 人，被俘 13151 人。

（三）桂军在广西境内航空抗战

1. 抗战前广西空军的概况和空防措施。

1931 年，新桂系成立了广西航空局，到 1936 年有飞行员七八十人，有各式飞机约 100 架。1937 年冬，筹划实施全省各项防空措施：扩建机场；宣传防空知识，组织防空演习；建立各种防空情报预警系统；建造防空掩体等；布置少量高射炮。

2. 桂南会战中的空袭空战。

1938 年 1 月 8 日，原广西空军经过 3 天作战，击落日机 3 架。1939 年 12 月 22 日，日机在桂林秧塘机场被中国空军击落 1 架 96 式重轰炸机。27 日晨，苏联援华志愿航空队在南宁击落日机 2 架。30 日，苏联援华志愿航空队 25 架飞机击落日空军七八架。31 日，苏联援华志愿航空队阻击前来轰炸南宁机场的日本轰炸机，炸毁日机 8 架。

四、全面抗战时期广西的大后方建设

（一）新桂系当局抗日政权的建设

1. 广西地方行政向战时行政的过渡。

为了适应抗战的需要，新桂系对政治理念、政治方针、政策纲领、行政体制等方面都进行了改革，如把广西省府从南宁迁往桂林。

2. 战时广西当局的政治纲领及政策方针。

抗战战争爆发后，广西当局根据抗战和本身的需要，制定了一系列的政治纲领和政策方针文件，如《广西施政计划纲要》《广西建设计划纲要》《广西历年度施政计划纲要》。

3. 战时广西当局的政治体制建设。

抗日战争爆发后，广西成立省政府委员会及各区行政督察专员公署。1942 年又调整为行政区。1939 年广西省府实行新县制。1939 年 5 月，广西省正式成立临时参议会，各县也根据相应的章程成立县临时参议会。1940 年 1 月设桂林市。

4. 抗战时期广西当局对国民党内外政治态度。

抗日战争爆发后，新桂系在广西做了一系列部署，如省主席黄旭初掌握广西留守当局最高权力，成立广西建设研究会，处理王公度事件等。抗战期间，黄旭初对蒋介石国民党中央的各种诱惑严加防范。新桂系积极推动国民党其他地方实力参与抗战，同时也积极团结国民党民主派和党外进步人士从事抗日活动。

（二）广西战时经济概况

1. 战时广西的财政经济政策。

抗战时期广西的财政经济政策，仍然以"三自政策"中的"自给政策"为其总的指导方针，其表现概括于《广西建设计划大纲草案》中有关扶持基础制造业发展、政权干预控制经济、独特逐步扩大国有部分或发展合作经营等方面。

2. 战时广西经济状况。

抗战时期新桂系的经济政策仍然是"自给政策"，各项经济措施也取得一定成效。如在工业方面，1943 年广西全省工厂达到 278 家；在矿业方面，广西实有矿区 2518 个，面积 7101781 公亩，资金 27068703 元。

3. 抗战时期新桂系大力发展官僚资本。

新桂系大力发展官僚资本主要体现在两个方面：一是对银行的控制，主要是通过广西银行和广西农民银行来进行的。二是广西工矿企业官僚资本得到扩大，主要体现为工业官僚资本和矿业官僚资本。

4. 新桂系对国民党中央控制广西经济的反控制斗争。

抗战爆发后，蒋介石国民党中央对广西的控制最主要表现为力图对广西金融的控制。对此，新桂系力图进行反控制斗争。如按财政部颁发实施的《统一货币发行办法》中可以发行一定数量辅币卷的规定，广西银行于1939 年起发行辅币卷。此后，于 1940、1941、1942 年也依法炮制。

（三）新桂系对抗日文化建设的贡献

1. 新桂系的文化政策促进了广西文化繁荣发展。

抗战爆发后，新桂系实施了开明的"招贤纳士""亲善友好"的文化政策。1944 年文化人就有上万人，仅知名文化人就有 1000 多人，著名的也有 200 多人。各种社会团体及文化机构纷至沓来，各类宣传抗日救亡的进步书刊和书店、出版社像雨后春笋般地蓬勃发展起来。

2. 新桂系对抗战文化建设的主要作用。

新桂系对抗战文化建设的作用主要体现对文化人和文化建设给以支持和帮助，同共产党在桂林合作开办文化活动，并在反共高潮中对进步文化人"礼送"出境等。

3. 桂林创造了文化繁荣的奇迹。

抗日期间，在桂文化团体和文艺团体 100 余个，新闻事业空前繁荣；出版发行盛极一时；戏剧运动蓬勃发展；音乐、美术活动空前高涨；社会科学、自然科学、教育事业等各方面都取得了前所未有的成就。

五、抗战胜利与日军的罪行

（一）广西抗日战争的胜利

1945 年 5 月起日军就开始从广西撤退。1945 年 3 月，中国陆军总司令何应钦将所辖部队整编为四个方面军，其中第二、三方面军便奉命提起反攻广西。

1. 收复桂南和桂西北。

4 月 27 日第 2 方面军 46 军 175 师收复都安，26 日 156 师收复南宁市，6 月 7 日克思乐，8 日收复宁明。7 月 3 日，62 军将日军驱逐出国境之外。5 月 20 日，29 军收复河池、思恩、天河、罗城等县城，6 月 3 日中国军队攻克北牙，13 日晚，服部支队弃城而逃，宜山全境光复。

2. 西、南两路会攻柳州。

5 月 19 日 11 军军部离开柳州，北上全州。6 月 5 日，46 军与日第 6 联队在大塘激战了 4 天，歼灭日军 400 余人。6 月 15 日，175 师 525 团对 13 师团服部支队设下埋伏，日军死亡 500 多人。由黔桂线东进的第三方面军 29 军于 6 月 22 日开始进攻柳州飞机场和柳州火车南站，27 日占领了柳州飞机场。

3. 桂北追击战。

收复柳州后，第三方面军主力向逃往桂林的日军发起反攻。中路由第 29 军 7 月 7 日克鹿寨，至 27 日进占苏桥。右路军 91 师向桂柳公路追击，6 月 7 日克复榴江，24 日攻占白沙，收复阳朔。94 军 43 师 7 月 13 日攻下丁界岭。7 月 27 日，桂惠公路全线肃清。26 军 7 月 27 日攻下桂林城。中国军队 8 月 2 日克复灵川，8 月 6 日克复兴安。20 军 133 师 8 月 17 日进驻全州。

（二）日军在广西的罪行

1. 受祸面广，伤亡惨重。

日军两次入侵广西，占领和蹂躏共 77 县 1 市 1 设治局，679794 万户，占广西全省面积和人口的三分之一以上。广西全省被日军杀害（不包括军队伤亡）约 211080 人，染病伤亡 282256 人，受伤 433824 人，失踪

58456 人。

2. 摧毁了一批市县。

全省房屋被烧毁 314394 间。桂林市原共有 52500 多间房屋，只剩不完整的 487 间，柳州房屋 2 万多户剩下 600 多户，梧州剩下的比较完整的是大中上路和桂北路一角。日军败走时纵火焚烧破坏了宾阳、柳江、荔浦、灵川、兴安、全县、上思、灵山、龙州等地的房屋。

3. 破坏交通运输。

抗战期间，广西境内湘桂、黔桂两条铁路共长 748 公里，广西光复后只剩下两条长满青草的路基。日军两次侵略共破坏公路 3724 公里，占全省公路总里程 87%。公路交通完全瘫痪。广西水上运输力量损失 70% 以上。

4. 掠夺生活物资品。

日军第二次侵桂，一切要"现日军筹给"，可资生活用者，无不掠夺净尽，特别注重抢夺粮食和耕牛。日军抢夺的谷物达 1738 万市担，平均每个日本兵占有 100 多市担；掠夺了耕牛 48 万多头；掠夺衣物用品，不能带走则烧，再烧房屋。

5. 战争导致疾病和饥荒。

1944 年日军入侵广西，许多地方发生了霍乱症等瘟疫，广西全省染病死亡人数达 28 万，苍梧县居首位，全县病死 2.24 万人，桂林市病死 1.68 万人。1945 年广西全省粮食产量比正常年份减少一半，导致了严重的饥荒，受灾面积达 70 多县，受灾人口 300 万人。

（课题组组长：蒲林玲。课题组成员：梁臣、廖欣、卞克文、刘朝华、李侑峰）